Beck-Wirtschaftsberater
Unternehmerisch denken lernen

Vorwort

Die Anregung zu diesem Buch ist Führungskräften zu verdanken, die am Zentrum für Weiterbildung und Wissenstransfer die „Management-Basis-Qualifikation (MBQ)" der Universität Augsburg erwerben. In 3 Semestern können sich Ingenieure und Geisteswissenschaftler hier berufsbegleitend in unternehmerischem Denken und Handeln fit machen.

Ökonomie fällt Nicht-Betriebswirten in der Regel schwer und leicht zugleich: Schwer, da es im Gegensatz zu den Naturwissenschaften z. B. weder Naturgesetze gibt noch alle wichtigen Begriffe eindeutig definiert sind; leicht, weil viele *meinen*, mit etwas gesundem Menschenverstand mitreden zu können. In konkreten Fällen merkt man jedoch schnell, daß das nicht immer ganz so einfach ist. Das *Lernziel* dieses Buches besteht daher darin, *zu wirtschaftlichen Fragestellungen im Unternehmen eine begründete Stellung beziehen zu können*; d. h. diskussions- und argumentationsfähig gegenüber den eigenen Mitarbeitern, dem Controller und auch der Leitung zu werden. Dies geschieht – entsprechend den Anregungen der Teilnehmer – nicht nur theoretisch, sondern anhand einer Reihe von Beispielen. Die Methodik ist dabei so gewählt, daß die zentralen betriebswirtschaftlichen Fragestellungen und ihre Lösungsmethoden nicht nur dargestellt werden, sondern daß ein *Gespür für die Zusammenhänge ökonomischer Entscheidungen* geweckt wird.

Ein herzlicher Dank gebührt Frau Elfriede Fischer, die mit großem Einsatz und nach vielen Kämpfen mit den Tücken verschiedenster, nie kompatibler Softwareprodukte das Manuskript in eine vernünftige Form gebracht hat. Zumindest bei uns beiden ist die Freude groß, daß das Buch (endlich) fertig ist.

Augsburg, im Dezember 1997   *Ralf R. Sattler*

Inhaltsverzeichnis

Tabellenverzeichnis

Abbildungsverzeichnis

1. Einführung

Dieses Buch ist geschrieben für alle, die keine betriebswirtschaftliche Ausbildung haben, aber mit betriebswirtschaftlichen Themen konfrontiert werden. Hauptzielgruppe sind somit Ingenieure und Techniker, Personen aus sozialen Berufen und Mitglieder der öffentlichen Verwaltung.

Ziel ist es zu lernen, wie Betriebswirte denken, rechnen und handeln. Und wenn man schon nicht alles lernen kann, so kann man doch ein gewisses Gespür für Ökonomie erwerben: Die moderne Betriebswirtschaft ist ein in sich relativ geschlossenes System. Dies erlaubt auch einem Nichtfachmann, sich in vertretbarer Zeit darin zurechtzufinden, wenn er einige grundlegenden Denkweisen kennt.

Statt eine große Zahl unterschiedlichster Verfahren und Denkrichtungen vorzustellen, werde ich an Beispielen moderne, typische Vorgehensweisen zeigen und die verbindenden Ideen verdeutlichen.

Konkret wird gezeigt

1. welchen „Spielregeln" Unternehmen unterliegen und welche zentralen ökonomischen Probleme daraus resultieren,
2. wie das unmittelbare „Überleben" von Unternehmen sichergestellt wird,
3. woran man „erfolgreiche" Unternehmen erkennt,
4. wie man diesen Erfolg sichert,
5. wie man mit Unsicherheiten umgehen kann und
6. was man wissen muß, um längerfristige Erfolge zu gewährleisten.

Da die Betriebswirtschaft eine sehr lebendige Wissenschaft ist, treten immer wieder Neuerungen auf. Die eine oder andere wie z. B. den „Shareholder Value" kennt man aus den Medien. Sie werden in das bestehende System *eingeordnet*. Oft wird man dabei erkennen, daß es sich nur um die besondere Betonung *eines* Aspektes der Betriebswirtschaft handelt.

1.1 Die „Spielregeln" des Wirtschaftssystems

Privateigentum hat eine beherrschende Stellung in unserem Gesellschaftssystem. Im Wirtschaftssystem werden finanzielle Ansprüche als besonders schützenswert betrachtet. Etwas weniger pauschal ausgedrückt:

> Die finanziellen Forderungen aller Personen und Institutionen, die in Kontakt zum Unternehmen stehen, müssen erfüllt werden („Minimalanspruch").

Tabelle 1.1 zeigt an einem durchschnittlichen Industrieunternehmen, wer welche Ansprüche hat, wie „groß" diese in etwa gemessen am Umsatz (der Summe aller verkauften Waren) sind und was schließlich „übrigbleibt":

Die Orientierung an finanziellen Ansprüchen klingt unsozial und geldorientiert; trotzdem werden Unternehmen, die dem „Minimalanspruch" nicht gerecht werden, vom Markt verschwinden. Man denke nur an die Pleitewelle, die über Deutschland hinwegzieht oder die in allen – auch öffentlichen – Unternehmen immer öfter auftauchende Forderung nach Kostensenkung.[1]

Das zentrale Gut in westlichen Wirtschaftssystemen ist deshalb Geld (Kapital), weil damit alle anderen Güter erworben werden können. Kapital ist automatisch das „knappste" Gut. Das ist der Grund, warum denen, die Unternehmen direkt oder indirekt Geld zur Verfügung stellen (die Kapitalgeber), eine besondere Bedeutung zuteil wird.

Bei den Kapitalgeber gilt es zwei Hauptgruppen zu unterscheiden:

Die erste Gruppe sind *Fremdkapitalgeber* – in Deutschland zumeist Banken. Diese stellen zu einem meist im voraus fest ausgemachten Zinssatz Geld zur Verfügung. Ihren Zins bekommen sie auch in für das Unternehmen wirtschaftlich schlechten Zeiten, solange es ihm irgendwie möglich ist, diesen zu zahlen. Im Schnitt sind

---

[1] Der Autor will *nicht* dahingehend interpretiert werden, daß die „Renditeorientierung" per se „gut und richtig" ist. Ausgedrückt werden soll, daß in unserem Wirtschaftssystem momentan kein Weg daran vorbeiführt. Es ist nicht gesagt, daß sich z. B. die Mitarbeiter eines renditeorientierten Unternehmens auch persönlich wohl fühlen. Diese Frage ist nur indirekt wichtig.

Geldfluß	Empfänger	%
Umsatz	Unternehmen	100
– Löhne und Gehälter	Arbeiter u. Angestellte	20
– eingesetztes Material und Dienstleistungen	Lieferanten u. Zulieferer	66
– Zinsen für Kredite	Fremdkapitalgeber	6
= Ergebnis vor Steuern		8
– Steuern	Staat	3
= Gewinn	Unternehmen und Eigenkapitalgeber	5

Tab. 1.1: Unternehmen und Gesellschaft: Wer bekommt was?

weit über die Hälfte des Unternehmenskapitals Fremdkapital.[2] Auch Lieferanten sind (in der Regel nur für kurze Zeit) „Fremdkapitalgeber".

Die zweite Gruppe sind *Eigenkapitalgeber*. Rechtlich gesehen sind sie die Eigentümer des Unternehmens. Läuft das Unternehmen gut, dann bleibt nach Zahlung der Zinsen an die Fremdkapitalgeber (und allen anderen Aufwendungen wie Löhnen und Gehältern, Vorprodukten und Rohstoffen, Mieten und Leasingzahlungen etc.) Geld übrig, das prinzipiell den Eigenkapitalgebern zusteht. Läuft es schlecht und bleibt nichts oder gar ein Verlust übrig, tragen ihn ebenfalls die Eigenkapitalgeber. Ihr Risiko ist also deutlich größer als das der Fremdkapitalgeber: *Sie bekommen erst dann etwas, wenn alle anderen Ansprüche befriedigt worden sind*, ihr Einkommen ist *erfolgsabhängig*. Daraus leitet unser Wirtschaftssystem die Grundregel ab, daß den Eigenkapitalgebern die Unternehmensführung oder zumindest indirekt die Auswahl und Kontrolle des Managements zusteht.

Eigenkapitalgeber sind zufrieden, wenn das Unternehmen „erfolgreich" ist. Und „erfolgreich wirtschaften" heißt nichts anderes, als die Eigenkapitalgeber *möglichst wohlhabend* zu machen unter der Bedingung, daß das Geschäft nicht so riskant geführt wird, daß andere Zahlungen wie z. B. die

---

2 „Kapital" ist keineswegs nur das Geld auf der Bank, sondern insbesondere das Geld, das das Unternehmen verwendet hat, um seine Grundstücke, Gebäude, Anlagen, Patente, Vorräte usw. zu erwerben.

Zahlungen an die Mitarbeiter oder Fremdkapitalgeber problematisch werden.

Mancher wird sich dabei an die traditionelle Maxime der *Gewinnmaximierung* erinnern; eine Denkweise, deren „reine" Form man seit der Einführung der „Sozialen Marktwirtschaft" vergessen glaubte. Heute liegen nur etwa 10% aller Kapitalströme auch Warenströme zugrunde. Die restlichen 90% suchen nach den lukrativsten Anlagemöglichkeiten. Das heißt:

> Wer seinen Kapitalgebern nicht die entsprechende Verzinsung für ihr zur Verfügung gestelltes Kapital verspricht (und auf Dauer auch hält), bekommt kein Geld mehr.

Selbstverständlich existieren neben den ökonomischen Zielen auch nichtökonomische. Die Leitbilder, die in jedem Unternehmen existieren, zeugen davon. Die Erreichung dieser Ziele wie „(...) Unser Ziel ist, unseren Kunden in aller Welt Produkte und Leistungen von höchstem Nutzen zu bringen. (...)"[3] ist aber faktisch – von Ausnahmen abgesehen – nicht erstrangig!

Zum Verständnis dessen, „was die Ökonomie im Innersten zusammenhält" ist es ausreichend, von der folgenden Zielhierarchie auszugehen:

> 1. Erhaltung der Zahlungsfähigkeit = *Liquiditätssicherung*
> 2. Ökonomischer *Erfolg*

Diese Denkweise soll jetzt noch etwas mehr erläutert werden:

1.2 Das zentrale ökonomische Problem: Liquidität und Erfolg

Die Kernproblematik der Betriebswirtschaft ist, daß gleichzeitig für Liquidität *und* Erfolg – und nicht nur heute, sondern auch in Zukunft – gesorgt werden muß. Das ist nicht so leicht, wie an einem

---

3 Aus dem Leitbild der Siemens AG

einfachen Konzept, dem sogenannten *Produktlebenszyklus*, zu sehen ist. [4]

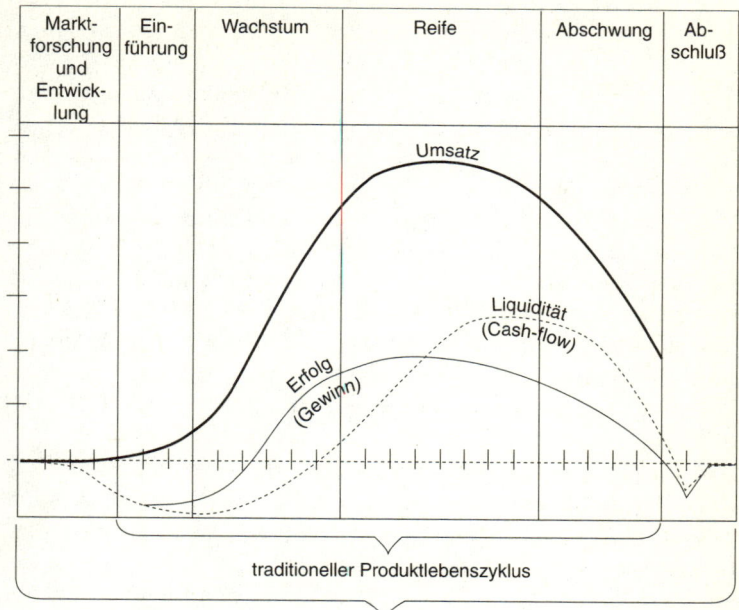

Abb. 1.1: Produktlebenszyklus

Der Produktlebenszyklus

Interessant ist das Konzept nicht deshalb, weil es einen sehr plausiblen „Pfad" für die zu erwartenden Umsätze im Zeitablauf aufzeigt – darauf würden auch Nichtökonomen wohl von selbst kommen. Nein, interessant wird es deshalb, weil die zentralen Größen *Erfolg* und *Liquidität* in einem bestimmten Zusammenhang mit den Umsätzen in den verschiedenen Phasen des Lebenszyklus stehen. Die Umsatzkurve ist leicht nachvollziehbar – sie dient auch der Ein-

---

4 Das Konzept des Lebenszyklus soll – so die idealisierte Vorstellung – sowohl für einzelne Produkte (Produktlebenszyklus), als auch für Branchen (Branchenlebenszyklus), Technologien und Industrien gelten.

teilung des Lebenszyklus in zunächst vier Phasen: Die *Einführungs-phase*, während der das Produkt „auf den Markt" gebracht wird; gekennzeichnet durch zunächst erst langsam ansteigende Absatzzahlen (private Sonnenkollektoren). Dieser Phase folgt – so es sich um ein erfolgreiches Produkt handelt – die *Wachstumsphase:* Das Produkt findet eine nun schneller wachsende Käuferschicht; es setzt sich auf dem Markt durch (Personalcomputer). Die darauffolgende *Reifephase* kennzeichnet den Sättigungsprozeß – oft ein langandauernder Zustand – z. B. Videorecorder oder Kühlschränke in Industrieländern. In der *Abschwungphase* schließlich bricht die Gesamtnachfrage stark ein. Das kann gesetzliche Gründe (bleihaltiges Benzin), Änderungen des Geschmackes (Modeartikel) oder Aufkommen einer neuen Problemlösungstechnik (CAD löst Zeichenbrett ab) haben. Oft wird das Produkt dann aus dem Programm genommen (wie Nierentischchen oder Kabinenroller) und durch neue Produkte, die dasselbe Bedürfnis (wie nach Einrichtung, Mobilität) befriedigen, ersetzt.

Wie entwickelt sich der mit einem speziellen Produkt verbundene *Gewinn?* Lange bevor das erste Produkt entwickelt und verkauft wird, muß Marktforschung für das neue Produkt betrieben werden. Ist das Ergebnis vielversprechend, müssen Leute bezahlt werden, die das Produkt entwickeln. Dann müssen Vorserienprodukte gefertigt und getestet werden. Nachdem all diesem keine einzige hereinkommende Umsatzmark entgegensteht, muß der Erfolg negativ sein. Er bleibt es auch in der Einführungsphase, denn meist reichen die noch geringen getätigten Umsätze (= Erträge) nicht, um die mit der Produktion verbundenen Aufwendungen zu decken. Dies ändert sich erst, wenn es ein Produkt schafft, in die Wachstumsphase zu kommen. Nun übersteigen die Erträge der verkauften Produkte erstmals die *für diese Produkte* getätigten Aufwendungen. Sollte das Produkt in den Genuß einer lang anhaltenden Reifephase kommen, erreichen die Gewinne ihren Höhepunkt. Dafür sorgen die hohen Umsätze und die vergleichsweise geringen Kosten bei Großserien. Wenn die Umsätze in der Abschwungphase wieder zurückgehen, geht der Gewinn ebenso zurück und kann auch negativ werden. Schuld dafür ist, daß viele Kosten von der Ausbringungsmenge (zunächst) einmal unabhängig sind: So z. B. viele Personalkosten, die Abschreibungen für die Maschinen, Mieten etc. Auch wenn das Produkt bereits nicht mehr angeboten wird, kann sich noch eine Phase negativer Gewinne (Abschlußphase, Konduktverantwortungsphase) anschließen. Schuld daran trägt z. B. die Sonderabschreibung für Ausstattung, die nur für dieses Produkt nutzbar war und noch nicht vollständig abgeschrieben ist oder die Rekultivierung eines Geländes.

Ganz anders als mit dem Gewinn verhält es sich mit den *Kassenbewegungen* – also dem Geld, das hereinkommt und das abfließt . Der Saldo der Ein- und Auszahlungen heißt *Cash-flow*.[5] In der Phase der Vorbereitung der Markteinführung ist es ähnlich wie mit dem Gewinn – es muß viel gezahlt werden, aber den Auszahlungen stehen keine Einzahlungen entgegen. Anders als bei den Gewinnen bleibt der Cash-flow auch in der Wachstumsphase negativ. Das hängt damit zusammen, daß zwar schon Einzahlungen über die Umsätze erfolgen, aber oft große neue Investitionen getätigt werden müssen, um Produktion (und Vertrieb etc.) den neuen Bedürfnissen entsprechend aufstocken zu können. Solche Investitionen haben zunächst keinen Einfluß auf den Gewinn, wohl aber sind es große Auszahlungen, die getätigt werden müssen. Daher ist der Cash-flow negativ, der Gewinn aber schon positiv.[6] In der zweiten Hälfte der Reifephase zeigen sich weitere Auswirkungen dieser Betrachtungen: Der Cash-flow ist sehr hoch – den Einzahlungen aus dem Umsatzprozeß stehen nur noch relativ geringe Auszahlungen z. B. für Vorprodukte entgegen. Der Gewinn ist deswegen kleiner als der Cashflow, weil er zusätzlich noch durch die auf hohem Niveau bleibenden Abschreibungen z. B. für die Produktionsanlagen belastet ist. Ähnliches gilt für die Abschwungphase.

Wenn das Produkt vom Markt verschwindet, kann sich noch die Abschlußphase mit negativen Cash-flows anschließen. So können z. B. Zahlungen zur Wiederherstellung des ursprünglichen Zustandes (Renovierungen und Restrukturierungen) anfallen.

Irgendwann schließlich sind die mit dem Produkt zusammenhängenden finanziellen Erscheinungen auch vorbei – der Lebenszyklus ist abgeschlossen.

---

5 Für den Anfang genügt diese einfache Cash-flow-Definition, später werden weitere gebräuchliche Cash-flows gezeigt.
6 Über den Gewinn und seine Berechnung wird in Kapitel 3.2 eingehend gesprochen.

Jetzt wird das Problem der Optimierung auf den Dimensionen Erfolg und Liquidität deutlich:

Unternehmen wollen einen kontinuierlichen *Erfolg*. Damit meinen sie zunächst einen hohen Gewinn. Dazu brauchen sie Produkte, die entweder in der späten Wachstums- oder in der Reifephase sind. Nachdem aber dort kein Produkt ewig verweilt, benötigen sie auch neue Produktideen und „junge" Produkte, damit diese später in die Wachstums- und Reifephasen eintreten. Neue Produktideen zu haben, heißt *potentiell neue Erfolgspotentiale* aufzubauen. Genug finanzieller Rückhalt ist nötig, um die neuen Erfolgspotentiale erfolgreich zu entwickeln und in den Markt einzuführen (= *Aufbau und Erhalt bestehender Erfolgspotentiale*). Der positive Cash-flow von Produkten, die bereits „*erfolg*"reich waren, stellt diesen finanziellen Rückhalt dar: die *Finanzierung* neuer Projekte aus eigener Kraft, d. h. aus *Cash-flow-Überschüssen*.

So beschäftigen sich Unternehmen mit drei großen Feldern:
1. Liquiditätssteuerung → Finanzmanagement
2. Erfolgssteuerung → operatives Management und
3. Aufbau und Erhalt von Erfolgspotentialen → strategisches Management

---

Genau diese drei zentralen betriebswirtschaftlichen Bereiche bilden das Rückgrat dieses Buches. Abbildung 1.2 zeigt die Interdependenzen dieser drei Bereiche (keiner kann längerfristig ohne den anderen sein), die dazugehörenden „Managementebenen" und das dabei eingesetzte Instrumentarium.

1.3 Der Aufbau des Buches

Das **Kapitel „Finanzmanagement"**
beschäftigt sich mit der Voraussetzung für das tägliche „Überleben" des Unternehmens: der Liquiditätsüberwachung und -sicherung.

Das **Kapitel „Erfolg"**
zeigt, was *Erfolg* ist und wie *Erfolg* gemessen wird. Man wird erkennen, daß hier zwei grundlegend unterschiedliche Perspekti-

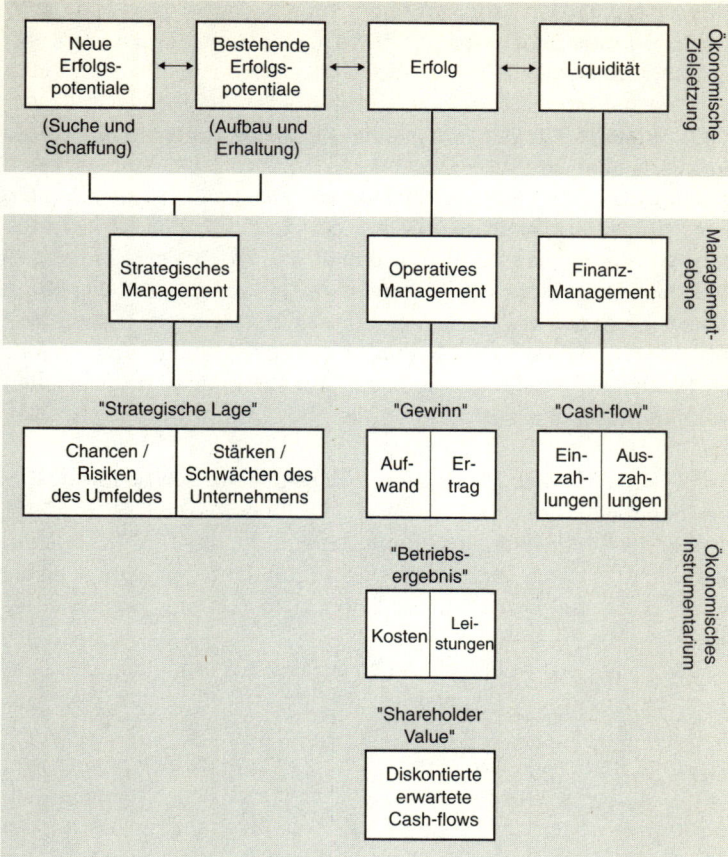

Abb. 1.2: Ökonomische Zielsetzung, Management und ökonomisches
Instrumentarium

ven vorherrschen: eine bilanz- und eine unternehmenswertorien-
tierte.

**Im Kapitel „Die Sicherung von Erfolgen: Nach welchen Größen wer-
den Unternehmen gesteuert?"**
wird man sehen, wie man schnell erkennen kann, ob das Unternehmen „gesund" (oder zumindest auf dem Weg dorthin) ist, wie man

transparent machen kann, wo Angriffspunkte zur Verbesserung stek-
ken könnten und auf welche Erfolgsgrößen man das Führungsperso-
nal „committen" sollte.

Das **Kapitel „Die Behandlung von Risiko am Beispiel von Investitionsvorhaben"**
beschäftigt sich mit einem für Ökonomen alltäglichen Phänomen,
dem *Risiko*; dargestellt an einem wichtigen ökonomischen Prozeß,
der Investitionsplanung. Was bedeutet *Risiko* für den Kaufmann?
Wie macht man es transparent und damit kalkulierbarer? Wie hängt
Risiko mit den Kapitalkosten und diese mit dem Erfolg zusammen?
In ungewöhnlich starkem Ausmaß beeinflußt hier die Wissenschaft
die Praxis, wie man am Beispiel eines vielbeachteten und vielange-
wandten Kapitalkostenmodells eines Nobelpreisträgers sehen wird.

Das letzte **Kapitel „Strategisches Management: Was ist für die Zukunft zu tun?"**
setzt den Fokus auf die Zukunft des Unternehmens: Mit welchen
Instrumenten kann man möglichst schon Jahre im voraus dafür
Sorge tragen, daß Liquidität und Erfolg auch zukünftig gewährleistet
sind?

Bevor es richtig weitergeht, noch ein Wort: Wer mit dem betrieblichen Rechnungswesen soweit vertraut ist, daß er mit den Begriffen
*Ein- und Auszahlungen, Einnahmen und Ausgaben, Aufwendun-
gen und Erträge* sowie *Kosten und Leistungen* etwas anfangen
kann, kann gleich weiterlesen. Wem bei dieser Begriffsvielfalt auch
nur kurz der Atem stockt, der *muß* in den Anhang, in das **Kapitel
„Das Betriebliche Rechnungswesen: Mit welchen Größen arbeitet die
Betriebswirtschaft?"**, schauen.

2. Liquiditätsmanagement

Zwei Ursachen kann es haben, wenn ein Unternehmen Konkurs anmelden muß:

1. Wenn das Vermögen kleiner ist als das Fremdkapital, d. h. *Überschuldung* eingetreten ist (vgl. Abb. 3.4, S. 59), oder
2. wenn den Zahlungsverpflichtungen nicht mehr nachgekommen werden kann, d. h. *Illiquidität* vorliegt.

In der Praxis wird selten ein Konkurs aus Überschuldung angemeldet; *in den weitaus meisten Fällen können fällige Rechnungen nicht mehr bezahlt werden* – d. h. der Betrieb ist illiquide. Die Aufrechterhaltung der Liquidität ist also *lebensnotwendig*.

Der erste Teil beschäftigt sich mit der *Messung* der Liquidität. Die Methodik wird an einem Beispiel dargestellt. Danach folgen als Reaktion auf die Messung die entsprechenden Maßnahmen. Hier interessiert in erster Linie, was bei einer *angespannten Lage* getan werden kann. Der Ökonom spricht *von Maßnahmen zur kurzfristigen Fremdfinanzierung* und vom *Aufdecken von Liquiditätsreserven*.

2.1 Liquiditätsplanung mit Finanzplänen

Alle Unternehmen versuchen ihre Liquidität für die nächsten Wochen und Monate mittels *Liquiditäts-* oder auch *Finanzplänen* zu schätzen. Das bezeichnet man als *kurz- und mittelfristige Liquiditätsplanung*. Zeithorizont: bis zu einem Jahr. Sie versuchen zu prognostizieren, welche Einzahlungen (Geld, das in die Kasse oder auf die Konten des Unternehmens kommt) und welche Auszahlungen (Geld, das von der Kasse oder den Konten weggeht) passieren werden. Je weiter Ein- oder Auszahlungen aber in der Zukunft liegen, desto problematischer ist diese Vorgehensweise: Wer weiß z. B. genau, wann die Rechnung für eine Leistung, die ein Unternehmen glaubt im kommenden Herbst zu erbringen, bezahlt wird? Hier und in praktisch allen anderen Gebieten der betriebswirtschaftlichen Welt gilt ein Spruch, der im ersten Moment frustrierend erscheint:

> „Wer mißt, mißt falsch". Man muß aber ergänzen:
> Viel schlechter als falsch (oder nicht optimal) zu messen ist es jedoch,
> gar nicht zu messen.

Der Ökonom muß mit dieser Ungenauigkeit leben.

Beispiel: Die Firma Klopfer Baustoffe

Die Firma Klopfer Baustoffe ist eine Personengesellschaft am Rand von Ostberlin und besteht seit 4 Jahren. Der Inhaber, Herr Klopfer, hat bisher nicht mit Liquiditätsschwierigkeiten zu tun gehabt. Ein Mitarbeiter der Hausbank, der bei ähnlichen Kunden –wie auch Herr Klopfer selbst – schon etwas von einer sich abzeichnenden Bauflaute gemerkt hat, legt Herrn Klopfer die Erstellung eines Liquiditätsplanes nahe. Vorerst empfiehlt er ihm, die Situation des nächsten halben Jahres abzuschätzen.

Der Banker erklärt Klopfer, daß er keine Tagesprognose machen soll, dies sei viel zu aufwendig und würde letztlich wenig bringen. Stattdessen solle er so tun, als ob alle Zahlungen, die während eines Monats anfallen, *auf den letzten Tag konzentriert* seien. Dann müßte man nur noch abwägen, in welchem Monat eine Zahlung anfalle.

Weiter empfiehlt ihm der Banker, zunächst einmal alle absehbaren *Auszahlungen* zu sammeln und den Monaten zuzuordnen. Danach könne man dasselbe mit den geplanten *Einzahlungen* machen. Das nennt er ein *"Budget erstellen"*.

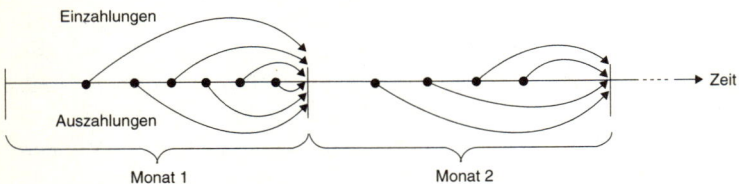

Abb. 2.1: Das Prinzip eines Finanzplanes auf Monatsbasis

Prognose der Einzahlungen auf Basis der Gesamtmarktentwicklung und des Marktanteils

Um erwartete Einzahlungen zu schätzen, benötige man Umsatzzahlen. Viele machten den Fehler, diese auf Basis der Umsätze des letzten Jahres zu planen. Besser ist es, sich zuerst Gedanken über den Markt zu machen – in diesem Fall die Bauwirtschaft in Berlin und Umgebung – und dann Gedanken über den Anteil, den man an diesem Markt haben wird. Die erste Schätzung bedarf also einer *Berücksichtigung der geplanten Konjunktur*, in seinem Fall also wahrscheinlich eines *Konjunkturabschlags*. Nachdem der Konkurrenzkampf der Baustoffgeschäfte anscheinend momentan zurückgeht, könne er auch von einem konstanten eigenem Geschäftsanteil ausgehen.

Verkaufen heißt nicht Geld in der Kasse haben

Allerdings müsse man darauf achten, daß nicht jeder Umsatz im Monat auch zu einer Einzahlung in diesem Monat wird. Daher müsse man eine *Transformationstabelle* erstellen, daraus geplante Einzahlungen errechnen, diese dann den Auszahlungen gegenüberstellen und dann werde man schon sehen. Der Banker klopft seinem Kunden aufmunternd auf die Schulter und verabschiedet ihn mit den Worten: „Am besten machen Sie's mit dem PC, dann können sie die Auswirkungen von Änderungen ohne viel Rechnerei immer gleich mitverfolgen".

Der Liquiditätsplan

Mit etwas flauem Gefühl sitzt Klopfer am Nachmittag mit seinem Buchhalter Schwarz vor dem Rechner.

Sie beginnen mit einer *Umsatzplanung*. Schließlich hängen an den geplanten Umsätzen die geplanten Einkäufe, die Personalplanung (Klopfer stellt in den „heißen" Monaten zusätzlich Hilfskräfte ein) usw. Inhaber und Buchhalter einigen sich darauf, der Argumentation des Bankers zu folgen. Aufgrund des annahmegemäß konstanten Marktanteils können sie auf Basis der Vorjahreszahlen kalkulieren und den konjunkturellen Abschwung so berücksichtigen, daß sie in den Monaten Januar bis März einen Rückgang von 3% und von April bis Juni einen Rückgang von 5% der Umsätze (im Vergleich zum Vorjahr) unterstellen. Die notwendigen „alten" Umsatzzahlen entnehmen sie der Buchhaltung des letzen Jahres.

Bei der *Ermittlung der notwendigen Einkäufe* beschließen sie, davon auszugehen, daß im Schnitt ein Monat vor dem geplanten Verkauf eingekauft werden muß. Lieferfristen, saisonale Produktio-

nen, wechselnder Sortimentsbedarf und unterschiedliche Gewinn-
aufschläge führen allerdings dazu, daß sie nicht einen festen Prozentsatz der geplanten Verkäufe als Schätzungen der notwendigen
Einkäufe verwenden können. Hier mußten sie sorgfältig planen und
auch ab und zu einen Blick in die Beständelisten werfen. Da haben
sie Glück, daß diese durch das neue Kassensystem laufend aktuell
sind. Auf Anraten von Schwarz setzt Klopfer bei den Einkäufen immer den vollen erwarteten Rechnungsbetrag an, obwohl er seinen
Buchhalter bisher immer angewiesen hat, die Rechnungen so zu bezahlen, daß das Skonto in Anspruch genommen werden konnte.

Es ergeben sich dann die folgenden Umsatz- und Einkaufszahlen:

Firma Klopfer							
Umsatzprognose (DM)							
November (real)	Dezember (real)	Januar	Februar	März	April	Mai	Juni
210 000	200 000	190 000	240 000	440 000	340 000	340 000	270 000
Einkäufe (DM)							
	252 000	76 420	318 500	266 500	191 100	140 400	123 500

Tab. 2.1: Geplante Wareneinkäufe und Verkäufe

Jetzt gilt es, aus den Umsätzen (identisch mit den gestellten Rechnungen) auf die Einzahlungen (Bezahlung der Rechnungen) zu
schließen. Dazu erstellt man eine *Transformationstabelle*. Aus einer Überprüfung der Daten der Rechnungsstellung und der Einzahlungen des letzten Jahres sehen sie, daß im Schnitt 25% der Rechnungen im Monat der Rechnungsstellung, 55% im Monat darauf
und fast der gesamte Rest schließlich einen weiteren Monat später
bezahlt wurden. Allerdings war in der letzten Verbandsinformation
zu lesen gewesen, daß die Kunden immer säumiger zahlen würden;
eine Beobachtung, die durch die genaue Überprüfung der Herbst-
und Winterzahlen bestätigt wird: Vom Novemberumsatz des letzten
Jahres von 210 000 DM sind noch rd. 63 000 DM, also 30% „offen",

vom Dezemberumsatz von 200 000 DM noch rd. 160 000 DM, also 80%. Vorsichtshalber rechnen sie daher damit, daß 20% der Umsätze im selben Monat, 50% ein Monat später und die restlichen 30% im zweiten Monat nach Rechnungsstellung auf der Bank eingehen.

Somit kommen sie zu folgender Aufstellung:

Transformationstabelle (DM)						
	Januar	Februar	März	April	Mai	Juni
30% aus vorletzter Monat	63 000	60 000	57 000	72 000	132 000	102 000
50% aus letzter Monat	100 000	95 000	120 000	220 000	170 000	170 000
20% aus aktueller Monat	38 000	48 000	88 000	68 000	68 000	54 000
SUMME	201 000	203 000	265 000	360 000	370 000	326 000

Tab. 2.2: Cash-inflow aus Warenverkäufen
(Transformationstabelle 20% –50% –30%)

Die Einzahlungsseite ist damit klar; jetzt muß die *Auszahlungsseite* vervollständigt werden. Schwarz beginnt mit der *Budgetprognose.* Für die Standardbelegschaft von vier Voll- und einer Halbtagskraft kalkuliert er inklusive der Sozialabgaben 34 000 DM pro Monat, dazu kommen noch die Löhne für die Hilfskräfte, die man voraussichtlich von Februar bis September brauchen wird und die noch sehr günstige Miete, Mietnebenkosten, Werbeausgaben und ein Block „Sonstiges", der Posten wie Zinsen, Versicherungen, Reparaturen, Kfz-Kosten etc. beinhaltet.

Zur Summenzeile des (Teil-)Budgets addiert Schwarz die zu bezahlenden Lieferantenrechnungen. Er kann es sich nicht verkneifen, unter Berücksichtigung des Skontos zu kalkulieren. Das Gros der

Teilbudgetprognose (DM)						
	Januar	Februar	März	April	Mai	Juni
Löhne	34 000	38 000	46 000	42 000	42 000	38 000
Miete	8 000	8 000	8 000	8 000	8 000	8 000
Neb.-kost.	3 000	4 000	7 000	5 000	4 000	3 000
Werbung	3 000	8 000	16 000	12 000	12 000	8 000
Sonsti-ges	8 000	6 000	10 000	8 000	8 000	4 000
SUMME	56 000	64 000	87 000	75 000	74 000	61 000

Tab. 2.3: Teilbudgetprognose: Cash-outflow

Lieferanten bietet großzügige Bedingungen: Wenn eine Rechnung im Monat nach Erhalt gezahlt wird, dann dürfen 8% Skonto abgezogen werden.[7] Die geplanten Januareinkäufe von 76 420 DM müssen also spätestens Ende Februar gezahlt werden, dann können 8% Skonto vom Rechnungsbetrag abgezogen werden; das ergibt z. B. im Februar eine Auszahlung von 76 420 · 0,92 oder rd. 70 300 DM. Die noch nicht gezahlten Lieferantenverbindlichkeiten aus dem Dezember betragen nach der bereits vorliegenden Jahresbilanz 252 000 DM; davon 92% sind 231 840 DM. Ältere Lieferantenverbindlichkeiten gibt es keine. Sie überlegen, was sonst noch anstehen könnte: Ebenfalls aus der Bilanz ersehen sie *Sonstige Verbindlichkeiten* in Höhe von 16 400 DM; sie sind nach Auskunft von Schwarz am 15. Januar fällig. Das gleiche gilt für die letzte Rate in Höhe von 8 240 DM für einen alten Einrichtungskredit. Außerdem ist da noch ein Wechselkredit, der Ende Februar fällig wird. Nicht zu vergessen auch noch die Einkommensteuer: Der genaue Schwarz errechnet für Klopfer eine Einkommensteuer von 106 360 DM, fällig zum 15.

---

7 Dieses hohe Skonto dient nur der Veranschaulichung; „normal" ist ein Skonto zwischen 2 und 3%.

Auszahlungsseite (DM) (Zusammenfassung)					
	Januar	Februar	März	April	Mai	Juni
Teilbudget	56 000,00	64 000,00	87 000,00	75 000,00	74 000,00	61 000,00
Lieferanten m. S.	231 840,00	70 306,40	293 020,00	245 180,00	175 812,00	129 168,00
Sonstige Verbindl.	16 400,00					
Wechsel		75 000,00				
Darlehen	8 240,00					
Eiko-Steuer-Nachz.			106 360,00			
Eiko-Vorauszahlg.			27 000,00			27 000,00
Privatentnahmen	10 000,00	10 000,00	10 000,00	10 000,00	10 000,00	10 000,00
SUMME	322 480,00	219 306,40	523 380,00	330 180,00	259 821,00	227 168,00

Tab. 2.4: Zusammenfassung der Cash-outflows

März, die er vom Betriebskonto bezahlen wird. Dazu kommen ab März jeden dritten Monat Einkommensteuervorauszahlungen in Höhe von 27 000 DM. Als Klopfer schon Schluß machen will, weist Schwarz noch diskret auf die Privatentnahmen seines Chefs hin: 10 000 DM pro Monat. Jetzt bilden sie die Summe der Auszahlungen der einzelnen Monate. Die Zahlen sind jetzt doch größer, als Klopfer gefühlsmäßig geschätzt hätte. Klopfer schielt auf die prognostizierten Einnahmen und beginnt unruhig zu werden. Er zuckt mit den Achseln und sagt: „Herr Schwarz, mir reicht's für heute, könnten Sie das bitte bis morgen fertig machen?"

Jetzt beginnt Schwarz mit dem eigentlichen Finanzplan. In die oberste Zeile trägt er die prognostizierten Einzahlungen aus dem Umsatzprozeß ein, in die Zeile darunter die Summe aller Auszahlun-

Finanzplan 1 (DM)						
	Januar	Februar	März	April	Mai	Juni
Einzah-lungen	201 000,00	203 000,00	265 000,00	360 000,00	370 000,00	326 000,00
Auszah-lungen	322 480,00	219 306,40	523 380,00	330 180,00	259 812,00	227 168,00
Saldo 1	–121 480,00	– 16 306,40	-258 380,00	29 820,00	110 188,00	98 832,00
kum. Saldo 1	–121 480,00	–137 786,40	–396 166,40	–366 346,40	–256 158,40	–157 326,40

Tab. 2.5: Finanzplan 1

gen. Die Differenz beider Zeilen ergibt die *Über- bzw. Unterliquidität pro Monat (Saldo 1)*. Schwarz hat es jetzt schwarz auf weiß, warum sein Chef plötzlich so unruhig geworden ist: „*Saldo 1*" weist im Januar einen Betrag von -121 480 DM, im Februar rd. -16 300 DM, im März gar -258 380 DM auf. In den folgenden Monaten sind die Salden positiv. Schwarz denkt nach: Wenn im Januar 121 480 DM fehlen und im Februar rd. 13 300, dann addieren sich diese Defizite von Monat zu Monat. Daher fügt er eine weitere Zeile an, die er *kumulierten Saldo 1* nennt und die genau diesen Gedanken widerspiegelt. Auch Schwarz wird es beim Anblick dieser Zeile mulmig: Der *Liquiditätsbedarf* steigt von den besagten 121 480 DM im Januar auf rd. 137 790 DM im Februar (118 480,00 + 16 306,40) bis zu annähernd 400 000 DM im März! Und das, obwohl auf der Bank nur ein Kontokorrent über 100 000 DM eingeräumt ist!

Nach einem Moment des Schreckens packt Schwarz der Ehrgeiz. Da muß doch was zu machen sein.

Liquiditätssicherung: Erste Maßnahmen

Maßnahme 1:

Schwarz glaubt, daß die Bank bereit sein könnte, den Wechselkredit zu prolongieren, wenn die restlichen Bankgeschäfte ordnungsgemäß laufen. Das bringt „Luft" ab dem Monat Februar; insgesamt schrumpft der Liquiditätsbedarf also um 75 000 DM. Die Zinsen für diesen Kredit vernachlässigt Schwarz; „Peanuts", brummt er vor sich

Finanzplan 2 (DM) Maßnahme 1: Wechselprolongation						
	Januar	Februar	März	April	Mai	Juni
Wech-sel-prolon.		75 000,00				
Saldo 2	−121 480,00	58 693,60	−258 380,00	29 820,00	110 188,00	98 832,00
kumul. Saldo 2	−121 480,00	−62 786,40	−321 166,40	−291 346,40	−181 158,40	−82 326,40

Tab. 2.6: Finanzplan 2. Maßnahme: Wechselprolongation

hin. Die Auswirkungen dieser Maßnahme dokumentiert er in einer neuen Tabelle; ihn interessiert vor allem die Zeile *Kumulierter Saldo 2*. Immerhin schrumpft auch im schlimmsten Monat, dem März, der Liquiditätsbedarf auf rd. 321 000 DM. Durchschlagend ist der Erfolg aber noch längst nicht.

Maßnahme 2:

Ausgehend vom „Saldo 2" denkt sich Schwarz, daß eine simple Methode in der *Inanspruchnahme der Lieferantenkredite* liegen könnte. Aber wie genau? Zunächst versucht er, die Monatssalden möglichst auf „0" zu bekommen: Im Januar ist der Liquiditätsbedarf (siehe Saldo 2) -121 480 DM. Insgesamt werden in diesem Monat Zahlungen an Lieferanten in Höhe von 231 840 DM geleistet. Es liegt daher nahe, genau 121 480 DM erst einen Monat später zu zahlen. Allerdings geht von diesen Rechnungen dann der Skonto verloren, so daß im Februar dann 121 480 dividiert durch 0,92 = rd. 132 040 DM „extra" zu zahlen sind. Durch „Verschiebung" regulär im Februar anfallender Lieferantenzahlungen gelingt es beinahe auch in diesem Monat, ein ausgeglichenes Liquiditätsergebnis zu erreichen; der Monatssaldo beträgt nur etwas über 3000 DM „Miese". Problematischer wird es in den Folgemonaten: Im März ist der Saldo 2 bereits mit 258 380 DM „negativ", dazu kommen noch verschobene Zahlungen aus dem Februar, die im März dann 76 420 DM betragen; insgesamt ein Liquiditätsengpaß von 334 800 DM. Leider

Finanzplan 3 (DM) Maßnahme 2: Lieferantenkredit nutzen (Variante 1)						
	Januar	Februar	März	April	Mai	Juni
Saldo 2	−121 480,00	58 693,60	−258 380,00	29 820,00	110 188,00	98 832,00
max. Lief.-Kred.	231 840,00	70 306,40	293 020,00	245 180,00	175 812,00	129 168,00
„gespart"	121 480,00	70 306,40	293 020,00	245 180,00	175 812,00	129 168,00
Wirk. nächst. Monat		−132 043,48	− 76 420,00	−318 500,00	−266 500,00	−191 100,00
Saldo 3		− 3 043,48	− 41 780,00	− 43 500,00	19 500,00	36 900,00
kumul. Saldo 3		− 3 043,48	− 44 823,48	− 88 323,48	− 68 823,48	− 31 923,48
Die größte Unterdeckung ist jetzt im April; sie kann aufgefangen werden mit dem Kontokorrent!						

Tab. 2.7: Finanzplan 3. Maßnahme: Lieferantenkredit nutzen (Variante 1)

können im März aber nur Lieferantenzahlungen über 293 020 DM in den nächsten Monat geschoben werden – es bleibt also eine Deckungslücke von 41 780 DM. Dasselbe Problem tritt im April auf – hier lautet das Monatsliquiditätsdefizit 43 500 DM. Kumuliert man also wieder (Saldo 3), hat man im April bereits wieder einen Liquiditätsbedarf von 88 323,48 DM. Das paßt zwar so einigermaßen, denn es liegt im Bereich der Kreditlinie. Andererseits weiß man nie, wozu man seine Linie brauchen könnte – dem Buchhalter geht Murphy's Gesetz durch den Kopf. In den folgenden Monaten verringert sich dann das Defizit bis zum Ende Juni, wo es knapp -32 000 DM beträgt.

Vielleicht geht es ja anders noch besser. In einem ersten Test probiert Schwarz, was passiert, wenn man immer den kompletten Lieferantenkredit in Anspruch nimmt. In diesem Fall ist der Januar noch ein „guter" Monat: der als „Kassenbestand" interpretierbare kumu-

Finanzplan 4 (DM) Maßnahme: Lieferantenkredit maximal Inanspruch nehmen (Variante 2)					
	Januar	Februar	März	April	Mai	Juni
Saldo 2	–121 480,00	58 693,60	–258 380	29 820	110 188	98 832
max. Lief.- Kred.	231 840,00	70 306,40	293 020	245 180	175 812	129 168
„ge spart"	231 840,00	70 306,40	293 020	245 180	175 812	129 168
Wirk. nächst. Monat		–252 000,00	– 76 420	–318 500	–266 500	–191 100
Saldo 3	–110 360,00	123 000,00	– 41 780	– 43 500	19 500	36 900
kum. Saldo 3	–110 360,00	– 12 640,00	– 54 420	– 97 920	–78 420	–41 520
Resultat: Das bringt also nichts!					

Tab. 2.8: Finanzplan 4. Maßnahme: Maximale Inanspruchnahme des Lieferantenkredits

lierte Saldo beträgt dann noch 110 360 DM, erst in den kommenden Monaten fällt er, bis auf beinahe -98 000 DM im April. Die Spitzenbelastung ist also noch rd. 10 000 DM höher als beim ersten Versuch!

Aufgrund dieser Erfahrungen unternimmt er einen letzen Versuch mit „moderater" Inanspruchnahme der Lieferantenkredite. Mit dieser Methode gelingt es ihm, nie ein höheres Defizit als – wiederum im April – etwas über 73 000 DM zu haben.

Damit gibt sich Schwarz zufrieden.

Finanzplan 5 (DM) Maßnahme : Lieferantenkredit „optimal" nutzen (Variante 3)						
	Januar	Februar	März	April	Mai	Juni
Saldo 2	121 480	58 693,60	−258 380,00	29 820,00	110 188,00	98 832,00
max. Lief.-Kred.	231 840	70 306,40	293 020,00	245 180,00	175 812,00	129 168,00
„ge-spart"	55 000	−	255 000,00	245 180,00	175 812,00	129 168,00
Wirk. nächst. Monat		−59 782,61	−	−277 173,91	−266 500,00	-191 100,00
Saldo 3	− 66 480	− 1 089,01	− 3 380,00	− 2 173,91	19 500,00	36 900,00
kumul. Saldo 3	− 66 480	−67 569,01	− 70 949,01	− 73 122,92	− 53 622,92	− 16 722,92
Jetzt ist der maximale negative Saldo rd. 73 000 DM; erfordert „probieren" in allen Monaten						

Tab. 2.9: Finanzplan 5. Maßnahme: „Optimierte" Inanspruchnahme von Lieferantenkrediten

Noch ein paar Fragen:

1. Warum wird der Kassenbestand der Firma im Moment der Erstellung des Finanzplanes nicht berücksichtigt?
2. Warum finden die Abschreibungen auf die Autos und etliche „Warenhüter" keinen Niederschlag in den Berechnungen?
3. Der Firma ist gerade die Klage eines Kunden anhängig. Er hat sich mit einer ausgestellten Kreissäge an der Hand verletzt und fordert 100 000 DM Schmerzensgeld. Für die Betriebshaftpflicht liegt ein typischer Fall von grober Fahrlässigkeit vor; sie hat bereits angekündigt, nicht zahlen zu wollen bzw. die Firma Klopfer in Regreß zu nehmen. Eine richterliche Entscheidung wird für Mitte des kommenden Jahres erwartet. Wie sollte dies berücksichtigt werden?
4. Halten Sie die Situation Ende Juni für „bereinigt"?
   Die Antworten finden Sie auf S. 33.

Liquiditätsbedarf der Firma Klopfer Baustoffhandel bei unterschiedlichen Szenarien

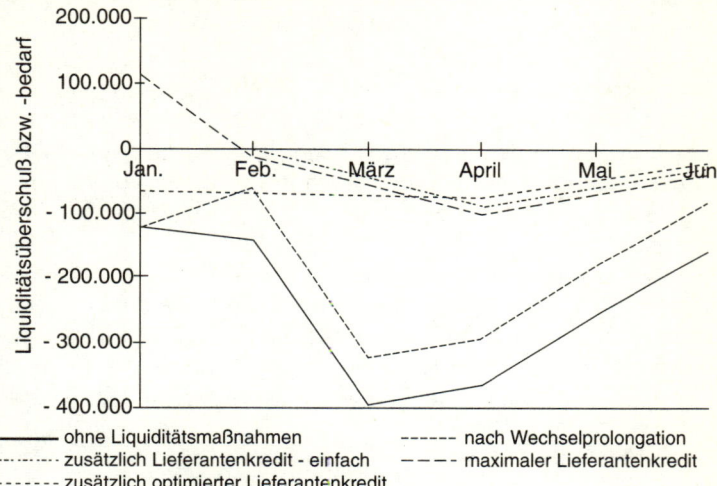

Abb. 2.2: Liquiditätsbedarf der Firma Klopfer Baustoffhandel bei unterschiedlichen Szenarien

Was kann nun getan werden, um diesen Liquiditätsengpaß zu überwinden? Gestartet wird mit Maßnahmen zur kurzfristigen Fremdfinanzierung; d. h. der Beschaffung von Geld für nicht allzulang dauernde Liquiditätsengpässe.

2.2 Maßnahmen zur kurzfristigen Fremdfinanzierung

Unter Fremdfinanzierung versteht man aus Sicht des Unternehmens die Aufnahme von Geld, wobei derjenige, der das Geld zur Verfügung stellt, Anspruch auf Zins und Tilgung, aber kein *rechtliches* Mitspracherecht hat.

Im Prinzip gibt es folgende Möglichkeiten, sich kurzfristig Geld in Form von Fremdkapital zu besorgen:

- Kontokorrentkredit
- Lieferantenkredit
- Wechsel

- Lombardkredit
- Diskontkredit

Man urteile selbst über die Einsatzmöglichkeiten in einer angespannten Situation:

Der Kontokorrentkredit

Die typische kurzfristige Fremdfinanzierung ist der *Kontokorrentkredit*, die „Kreditlinie". Man kennt ihn aus dem privaten Bereich. Bei Krisen ist er in der Regel schon vollständig ausgeschöpft, oft bereits überzogen und bietet keine weitere Hilfestellung.

Der Lieferantenkredit

Die nächste Möglichkeit ist dann meist die Ausschöpfung von Lieferantenkrediten, also der Verzicht auf die Skonti.[8] Der Vorteil besteht darin, daß er „ohne Verhandlung" *quasi automatisch* eingeräumt wird. Der Nachteil ist, daß der Lieferantenkredit *sehr teuer* ist.

Beispiel Lieferantenkredit:

Eine typische Lieferantenrechnung ist mit dem Zusatz versehen: „Zahlbar innerhalb von 30 Tagen. Bei Zahlung innerhalb von 10 Tagen 2% Skonto". Unterstellt wird hier eine Rechnungssumme von 200 000 DM.

Dann klingt 2% zwar wenig, ist jedoch viel: Würde man am zehnten Tag zahlen, müßte man $200\,000 \cdot 0{,}98 = 196\,000$ DM überweisen. Ansonsten nimmt man den *Lieferantenkredit* in Anspruch, der für weitere 20 (!) Tage gewährt wird. Schöpft man ihn voll aus, müssen am dreißigsten Tag nach Lieferung 200 000 DM gezahlt werden, 4000 DM mehr als am zehnten Tag nach Lieferung. Umgerechnet auf einen Jahreszins ergibt das rd. 37% Jahreszinssatz![9]

Der Wechsel

Ein Wechsel ist ein Zahlungsversprechen, das dem sehr *strengen Wechselgesetz* unterliegt. Ein Lieferant L kann z. B. vom Unternehmer U mit einem Wechsel bezahlt werden. Der Vorteil für den Liefe

---

8 Skonti sind Preisnachlässe, die bei Bezahlung innerhalb einer (kurzen) Frist nach Lieferung gewährt werden.

9 Das Zinsjahr hat 360 Tage. Zu rechnen ist daher: $((4.000/196\,000) : 20) \cdot 360 = 0{,}3673$, gerundet also knapp 37 %.

ranten besteht darin, daß er mit diesem Wechsel beinahe wie mit Bargeld z. B. eine an ihn gestellte Rechnung von Z zahlen kann. Der Nachteil liegt für den Lieferanten darin, daß, wenn Z zum Fälligkeitszeitpunkt des Wechsels von Aussteller U das Geld verlangt und dieser nicht zahlen kann, er dann von L (der den Wechsel weitergegeben hat) die Zahlung fordern kann. Die Konsequenzen für den Aussteller U sind sehr unangenehm und werden daher nur in äußersten Notsituationen in Kauf genommen. Daher ist ein Wechsel für den Aussteller ein Schritt, den es zu überlegen gilt und für den Empfänger eine vergleichsweise „sichere" Sache. Nichtsdestotrotz kann es als ein Warnzeichen gelten, wenn Lieferanten, die bislang per Überweisung ihr Geld erhalten haben, plötzlich mit Wechseln bezahlt werden sollen.

Von der Zinsbelastung ist ein Wechsel deutlich günstiger als ein Lieferantenkredit, meist auch günstiger als ein Kontokorrent.

Lombardkredit

Hier wird gegen Verpfändung eines Wertpapierbestandes ein Kredit eingeräumt – oftmals ähnlich einem Kontokorrent, aber aufgrund der guten, leicht verwertbaren Sicherheiten mit geringeren Zinsen. Bei Aktiendepots kann man mit einem Kreditvolumen in Höhe von etwa 50% des aktuellen Wertes rechnen, bei Festverzinslichen noch mit höheren Anteilen.

Diskontkredit

Selbst *erhaltene* Wechsel (also solche, die man selbst als Bezahlung erhalten hat) können – bei Erfüllung strenger Anforderungen, was die Bonität des Ausstellers angeht – mit einem Abschlag an die Bank verkauft werden. Man spricht dann vom *Diskontieren* eines Wechsels. Den Kaufpreis bezeichnet man als Diskontkredit. Das Besondere an diesem Kredit ist, daß er vom Aussteller des Wechsels – also nicht von dem, der den Wechsel an die Bank verkauft hat – „zurückgezahlt" wird. Auch diese Form der Liquiditätsschöpfung ist vergleichsweise günstig.

Sie sehen selbst: Wenn die Situation des Betriebes wirklich prekär ist, dürften diese vergleichsweise einfachen Methoden zur Erlangung von kurzfristiger Liquidität bereits erschöpft sein. Wenn nicht – natürlich um so besser!

Bitte beachten:
„Theoretisch" können der Kontokorrent- und der Lombardkredit (im Gegensatz zu Diskontkredit, Wechsel- und Lieferantenkredit) auch zur längerfristigen Finanzierung verwendet werden – was in der Praxis oft geschieht. Sie sollten es aber nicht, da sie – wie die anderen genannten Instrumente – nur zur Abdeckung kurzfristiger „Spitzenbelastungen" der Liquidität herangezogen werden sollten. Diesen Instrumenten obliegt quasi ein „Reservecharakter".

2.3 Alternativen zur Fremdkapitalaufnahme

Die Alternative zur Kreditaufnahme heißt:
- Die Geldausgangsseite nach Einsparmaßnahmen und
- die Geldeinnahmeseite nach Beschleunigung der Einnahmen zu durchforsten.

Management der Geldausgangsseite

Spätestens seit der "Ära Lopez" gilt dem *Einkauf* ein großes Interesse. Eine von ihm (für das eigene Unternehmen) mit Erfolg angewandte Methode war bekannterweise, *niedrigere Einkaufspreise* erfolgreich auszuhandeln. Dies dürfte aber Firmen mit einer weniger großen Marktmacht schwerfallen. Eher möglich sollte eine *Verringerung des Lagerbestands* durch kleinere Neueinkäufe sein, was sich durch ein verbessertes Lagermanagement nicht auf die Produktion auswirken muß. Alternativ kann man nach *neuen Lieferanten* Ausschau halten, die bessere Zahlungsbedingungen bieten oder – gewiß eine skrupellose Alternative – die *Rechnungen* von „geduldigen" Lieferanten (oder solchen mit einer schlechten Überwachung ihrer Zahlungseingänge) *"schieben"*.

Zweiter großer Kostenblock ist meist das Personal. Neben der Einfachvariante der *Kündigung* – die erstens einer Vorlaufzeit bedarf und zweitens durch die Abfindung im ersten Moment eher negative Liquiditätswirkung aufweist – gibt es „humanere" Möglichkeiten: So z. B. die *Verschiebung oder Aussetzung von Sonderzahlungen* wie Urlaubsgeld oder Weihnachtsgeld, aber auch von Provisionen und evtl. Überstunden. Aus psychologischer Sicht ist bei den erforderlichen Sitzungen mit dem Betriebsrat wichtig, daß auch die Leitung mit ihren Bezügen ein Zeichen setzt. Problematisch ist, daß aus rechtlicher Sicht der Tarifvertrag dagegenstehen kann.

Der nächste Blick sollte den anderen regelmäßigen Zahlungen gelten: *Sind Mieten oder Leasingraten* zu leisten? Wurden die Empfänger schon wegen einer Stundung kontaktiert? Müssen auslaufende Verträge unbedingt erneuert werden? Kann man sich aus den Leasing- oder Mietverträgen für nicht mehr dringend benötigte Maschinen, Fahrzeuge und evtl. sogar Gebäuden befreien? Wurde(n) die Bank(en) wegen *Streckung von Zins- und Tilgungszahlungen* kontaktiert? Sind solche Zins- und Tilgungszahlungen evtl. auch an Eigentümer (Gesellschafterdarlehen) oder verbundene Unternehmen zu leisten? In solchen Fällen sind Stundungen einfacher! Die Bank wiederum kann bei *Umschuldungsmaßnahmen* hilfreich sein. Dabei werden kurzfristige Kredite – d. h. Geld mit oft relativ hohen Zinsen – in langfristigere – oft günstigere – Darlehen umgewandelt. Meist ist dies verbunden mit einem Tilgungsfreiraum.

Bereiche, in denen kurzfristige Einsparungen nicht sofort spürbar sind, sind die *Werbung* und – volumensmäßig weniger interessant – die *Weiterbildung*. Wie bei Lieferanten kann es sich auch hier bezahlt machen, über neue Verträge oder einen Wechsel nachzudenken.

Insgesamt gilt: Man prüfe, welche Auszahlungen in einem Betrieb groß und welche davon unverzichtbar sind. Eine praktikable Methode besteht darin, die einzelnen Positionen mit der Buchhaltungs- oder der Controlling-Abteilung durchzugehen.

Wichtig vor allem bei Maßnahmen, die in gültige Verträge eingreifen: Frühzeitiges Ankündigen von Problemen – nicht erst Zahlungen ausfallen lassen und mit offenen Gesprächen warten, bis die Geschäftspartner bereits verstimmt sind.

Management der Geldeingangsseite

Hier ist oft wesentlich mehr machbar, als man im ersten Moment denkt.

Der erste Blick sollte den (über)fälligen Rechnungen gelten. Wie ist das *Mahnwesen organisiert*? In einer einigermaßen modernen EDV ist es automatisiert – vielleicht mit Kontrollausdrucken, um sensible Kunden nicht zu verstimmen. Erscheint eine Verbesserung dennoch zu aufwendig oder zu unergiebig, kann man über den Verkauf von Forderungen an spezielle Institute nachdenken. „Gute" Forderungen können auch an Banken verkauft werden. Allerdings wird im Inlandsgeschäft von den wenigsten Kunden ein solches Vorgehen gutgeheißen, man muß also oft mit einem Imageverlust rechnen.

In konjunkturell guten Zeiten kann die Zahlungsmoral gesteigert werden, indem ein *höherer Skonto* eingeräumt wird.

Ein Gespräch mit dem Steuerberater oder Wirtschaftsprüfer kann klären, ob die Möglichkeit von *Verlustrückträgen* besteht. Dies kann der Fall sein, wenn nicht nur die Liquiditätssituation, sondern auch die Erfolgssituation schlecht ist; d. h. wenn Verlust gemacht wird. Bei einem Verlustrücktrag wird ein in der aktuellen Periode angefallener Verlust mit Gewinnen einer vorangegangenen Periode verrechnet. Dadurch erwirbt man entweder einen Anspruch auf eine Steuerrückerstattung oder auf eine Verringerung der Steuervorauszahlungen.

Ein beliebtes, aber nicht besonders schnelles Verfahren ist das *"Sale-and-lease-back"*. Darunter versteht man den Verkauf von Betriebseigentum wie z. B. Fuhrpark oder Betriebsgebäude. Die Intention ist, dieses lückenlos weiter zu nutzen, aber nicht mehr als Eigentümer, sondern als „Mieter". Hier ist *einmalig* viel Liquidität zu bekommen. Die Konstruktion impliziert aber, daß der (potentielle) Käufer bereits früh vom Lease-back-Wunsch informiert werden muß. Dies wiederum bedeutet, daß er eine Zwangslage zumindest vermuten kann.

Ebenso wie betriebsnotwendiges Vermögen als potentielles Sale-and-lease-back-Potential gesehen werden kann, kann *nicht (unbedingt) betriebsnotwendiges Vermögen als Verkaufspotential* gesehen werden. Ähnlich aber auch die Problematik: aufgrund der Verkaufsphase wirkt die Maßnahme – es sei denn, es betrifft Wertpapiere – eher mittelfristig.

Bei vergleichsweise hohen Lagerbeständen kann man daran denken, diese mit *Sonderaktionen* schneller zu verkaufen.

Eine tendenziell eher langwierige Methode ist es, *neues (Eigen)-Kapital* durch neue Gesellschafter zu erlangen. Abgesehen davon, daß es schwierig sein dürfte, überhaupt welche zu finden, werden die künftigen Ansprüche dieser Personen oder Institutionen – angesichts der riskanten Einlage die sie leisten – hoch sein. Neues Eigenkapital sollte eher in einer prosperierenden Phase aufgenommen werden. In weniger guten Phasen bleibt oft nichts anderes übrig, als die Altgesellschafter aufzufordern, aus ihrem Privatvermögen neues Eigenkapital oder Fremdkapital mit eigenkapitalähnlichem Charakter zur Verfügung zu stellen.

Eine Möglichkeit, von Lieferanten Waren zu guten Lieferkonditionen zu erhalten oder leichter z. B. in den Genuß von Kundenanzahlungen zu kommen, besteht in der Besorgung eines *Avals*. Ein Aval ist ein Zahlungsversprechen, das – natürlich gegen eine Provision – eine Bank im Auftrag des Avalsuchenden gegenüber z. B. dessen Lieferanten abgibt. In prekären Situationen ist es jedoch nicht einfach, einen Aval von (s)einer Bank zu erhalten.

Wie man sieht, können etliche dieser Aktionen auch negative Auswirkungen haben: Neben „schlechten" Preisen für Fertigwaren und Betriebsvermögen spielen sicher Imageschäden eine Hauptrolle. Sie sind zwar schwer in ihrer Gesamtwirkung abzuschätzen, sicherlich aber nicht „erfolgsfördernd".

In wirklich kritischen Situationen gilt jedoch: Liquidität vor Rentabilität

Geldausgang	Geldeingang
• Einkauf verringern/verbilligen • Rohstofflagerbestand verringern • Rechnungen „schieben" • Verschieben bzw. Aussetzen von Personalsonderzahlungen • Personal reduzieren • Mieten und Leasinggebühren stunden lassen • Zins und Tilgung stunden lassen • Umschuldungen anstreben • Werbung und Weiterbildung reduzieren	• Mahnwesen verbessern • Höhere Skonti einräumen • Verlustrückträge • Sale-and-lease-back- Konstruktionen • Verkauf von nicht betriebsnotwendigem Vermögen • Sonderaktionen • Aufnahme neuer Gesellschafter • Avale

Tab. 2.10: Checkliste für Liquiditätsengpaß

2.4 Was ist besonders zu beachten?

Hausbank oder Vielbankprinzip?

Manchen Betriebsinhabern erscheint es sinnvoll, mit mehreren Banken zusammenzuarbeiten, um sich nicht zu sehr in die Abhängigkeit eines Institutes zu begeben oder die Konkurrenzsituation der Institute bei Verhandlungen in „guten Zeiten" auszunutzen. Bei dieser Strategie sollte man zumindest bedenken, daß dann auch das Engagement jeder einzelnen Bank, das Unternehmen in Krisenzeiten spürbar zu unterstützen, gering ist. Es geht dabei nicht um große Summen für die einzelne Bank. Entsprechend gering wird ihr Engagement sein. Jede einzelne Bank wird in einer Krisensituation erst einmal schauen, was die anderen Institute machen. Das kostet gerade in prekären Situationen besonders wertvolle Zeit. Es fällt ihr außerdem oft leichter – als eine unter vielen – ihren Kredit zu kündigen und damit bewußt den Konkurs oder Vergleich in Kauf zu nehmen. Dies, weil dann damit zu rechnen ist, daß sich auch die anderen Banken zurückziehen.

Die *psychologische Sichtweise* ist einfach: Es ist negativ, wenn man sich in den Instituten in Krisenzeiten daran erinnert, früher gegeneinander ausgespielt worden zu sein. Damit sinkt potentiell – unabhängig vom Ergebnis einer rationalen Betrachtung – die Hilfsbereitschaft. Für Nicht-Großstadt-Gegenden gilt außerdem, daß es sich schnell herumspricht, wenn die *Hausbank* eines ansässigen Betriebes ihre Kredite kündigt und damit einen Konkurs einleitet. Der Leiter der Filiale oder Niederlassung wird es sich stark überlegen, mit einer solchen Aktion die Neukundengewinnung deutlich zu erschweren.

Zumindest für Klein- und Mittelbetriebe daher die *Empfehlung:* Eine Hausbank und nur einige wenige „Nebenbanken".

Das Krisengespräch

Liquiditätsengpässe müssen von allen Beteiligten, nicht nur von einem, gelöst werden. Die folgenden Bemerkungen betreffen vor allem kleinere Unternehmen, für Großunternehmen gilt aber im Prinzip nichts anderes. Nur werden dann die Eigentümer keine Personen sein, sondern andere Unternehmen.

Es ist unrealistisch, bei Liquiditätsengpässen allein auf die Hilfe der Banken zu vertrauen. In gefährlichen Situationen müssen alle am Überleben des Betriebes Interessierten mit anpacken. Das sind in erster Linie die Eigentümer des Betriebes; bei kleineren Unternehmen auch die diesen nahestehenden Personen wie der Ehepartner, die Verwandten und Kinder. Dazu kommen Vertreter des Kreises, der außer den Banken noch Ansprüche an den Betrieb hat; in erster Linie Lieferanten und Leasinggesellschaften. Idealerweise trifft sich dieser Kreis zu einem *gemeinsamen Krisengespräch*, bei dem zusätzlich der Steuerberater oder Wirtschaftsprüfer mit anwesend ist. Von den Eigentümern wird es meist als besonders unangenehm empfunden, daß sie ihre *private* Vermögenssituation offenlegen sollen. Dies vor allem deshalb, weil es mit der Forderung an die Eigentümer einhergeht, ihren Beitrag zur Lösung zu leisten, indem sie aus ihrem „privaten" Vermögen dem Betrieb Geld zur Verfügung stellen sollen. Verweigern die Eigentümer, wird die Unterredung oft erfolglos bleiben.

Hier spielt wieder die *Psychologie* mit, denn das Argument lautet dann meist: Wenn die Eigentümer nicht an ihr Unternehmen glauben, warum sollen es dann Banken oder Mitarbeiter?

Ebenfalls wichtig aus psychologischer Sicht: die optimale Vorbereitung des Treffens durch die Eigentümer und den Steuerberater bzw. Wirtschaftsprüfer.

Eine solche Vorbereitung umfaßt:

für den Betrieb:
- eine *Liquiditätsplanung,*
- eine *Erfolgsplanung* (meist in Form von Bilanz- und G&V-Planung),
- einen *Soll-/Ist-Vergleich* der Planungen der letzten Jahre (dient dazu, zumindest die *bisherige* Planungsgüte abschätzen zu können)
- ein Konzept, wie die *Planzahlen des kommenden Jahres* erreicht werden sollen und
- eine *strategische Abschätzung*, wie es *langfristig* weitergehen soll

für den privaten Bereich:
- die Aufstellung des privaten Vermögens und der privaten Verpflichtungen.

2.5 Ausblick: Liquiditätsplanung bei großen Unternehmen

Größere Unternehmen verwenden natürlich rechnergesteuerte Liquiditätsmanagementsysteme. Die große Anzahl einzelner mehr oder weniger selbständig agierender Unternehmensteilbereiche, mit eigenen Konten und Kostenstellen, die entweder Liquiditätsüberschüsse oder einen Liquiditätsbedarf haben, kann anders nicht mehr überblickt werden. Die Software ermöglicht die permanente Aktualisierung der Pläne auf Teilbereichsebene und – das ist die eigentliche Innovation – faßt diese automatisch unternehmensweit zusammen. Dann erfolgt zunächst ein unternehmensinterner Liquiditätsausgleich. Erst danach werden Überschüsse an den Kapitalmärkten angelegt bzw. Lücken durch neues Geld vom Kapitalmarkt geschlossen.[10] Das ganze wird erst richtig interessant, wenn es sich um verschiedene Währungen handelt.

Das System hat zwei Hauptvorteile:

1. Es macht für ein Gesamtunternehmen wenig Sinn, daß z. B. der Teilbereich A einen kurzfristigen Kredit von 2 Mio DM über 2 Monate zu 8% Zins aufnimmt, während Teilbereich B einen Liquiditätsüberschuß von 1,5 Mio DM für ein Vierteljahr erwartet, der nur zu 6% angelegt werden kann. Dies würde dem Unternehmen insgesamt 26 667 DM Kreditzinsen kosten und 22 500 DM an Zinserträgen erbringen; insgesamt eine Auszahlung von 4167 DM.[11] Für das Unternehmen ist es besser, zu aggregieren: Es besteht dann ein Liquiditätsbedarf von 500 000 DM für 2 Monate, danach ein Anlagebedarf von 1,5 Mio für einen weiteren Monat. Jetzt machen die Kreditzinsen nur noch 6 667 DM aus, die Zinserträge betragen 7 500 DM; das entspricht insgesamt einer Einzah-

---

10 Unternehmensintern erfolgt natürlich eine Zinsverrechnung zu Gunsten der Bereiche, die Liquidität zur Verfügung stellen und zu Lasten derer, die Liquidität benötigen.

11 Das Beispiel berücksichtigt nicht den „Zeitwert des Geldes", auf den im Kapitel „Behandlung von Risiko am Beispiel von Investitionsvorhaben" eingegangen wird. Die Berücksichtigung würde allerdings in diesem Beispiel zu keiner spürbaren Änderung der Vorteilhaftigkeit führen.

lung von 833 DM. Der Vorteil gegenüber der traditionellen Variante beträgt 5 000 DM.

2. Ein weiterer Vorteil besteht darin, daß das Gesamtunternehmen meist etwas bessere Konditionen auf den Kapitalmärkten erhält als seine Teilbereiche: Nimmt man an, daß es z. B. Geld zu 7,8% aufnehmen und für 6,2% anlegen kann, beträgt die Gesamteinzahlung nicht mehr 833 DM, sondern -6 500 (Schuldzinsen) + 7 750 (Zinserträge); in der Summe 1 250 DM. Jetzt beträgt der Vorteil gegenüber der traditionellen Variante 5 417 DM!

Auf längere Sicht ist es praktisch unmöglich, Finanzpläne zu erstellen. Daher ist es sinnvoll nach Indikatoren zu suchen, die Aussagen darüber machen, ob die Zahlungsfähigkeit des Unternehmens auch in fernerer Zukunft gewährleistet ist. Man braucht also *"Frühindikatoren"* für künftige Liquidität. Diesen Indikatoren wird im Kapitel zur Strategischen Planung große Bedeutung zugemessen.

Antworten zu den Fragen auf S. 22

1. Der Kassenbestand sollte – wenn er positiv ist – nicht mit berücksichtigt werden. Durch das „gedankliche" Verschieben aller Zahlungen auf einen Zeitpunkt am Ende des Monats ignoriert man, daß die Auszahlungen sich im vorderen Teil des Monats, die Einzahlungen jedoch erst im zweiten Teil häufen können. Für diesen Fall dient ein positiver Kassen- oder Kontobestand als „Puffer". Negative Kassenbestände müssen daher auf jeden Fall ins Kalkül mit einbezogen werden.

2. Abschreibungen sind Aufwand, aber keine Auszahlung. Daher haben sie nichts im Finanzplan zu suchen.

3. Wenn, dann muß – je nach der zu erwartenden Schadensersatzsumme – diese im Finanzplan für das kommende Jahr aufgenommen werden. Bereits heute sollten allerdings Rückstellungen für ungewisse Verbindlichkeiten gebildet werden. Dies ist ein reiner Buchungsvorgang, der einen Aufwand darstellt. Eine Liquiditätswirkung könnte er dennoch haben: Nachdem diese Buchung den Jahresüberschuß verringert, verkleinert sich auch die Steuerzahllast.

4. Im Juni ist die Situation keineswegs im Lot. Kommt noch ein solches Halbjahr, kombiniert mit einer Situation, in der eine Bank den Wechsel nicht prolongiert und auch kein neues Fremdkapital

mehr zu Verfügung stellt, sowie eventuell eine (noch) säumigere Zahlungsmoral der Kunden, wird es schwierig – zumal Lieferantenrechnungen nicht beliebig „geschoben" werden können.

3. Erfolg

3.1 Was ist Erfolg?

Im Kapitel über die Liquidität eines Unternehmens gibt es kaum Diskussionsbedarf, was Liquidität ist. Ganz anders ist es beim *Erfolg*, dem eigentlichen ökonomischen Ziel des Betriebes. Es klingt kurios, ist aber (leider) wahr: *Bis heute hat die Betriebswirtschaft kein allgemeingültiges Verfahren hervorgebracht, um den Erfolg eines Betriebes zu messen!* Wohl aber gibt es eine Handvoll Verfahren, die (mehr oder weniger gute) Hinweise darauf geben, ob ein Betrieb erfolgreich ist oder nicht.[12]

Es wird sich in diesem Kapitel zeigen, daß jedes Verfahren etwas für sich hat. Das Hauptaugenmerk ist zwar jeweils anders. Aber nur wer sein Unternehmen unter *allen* Erfolgsperspektiven analysiert und es so steuert, daß alle Erfolgsindikatoren (zumindest mittelfristig) im grünen Bereich sind, führt es gut.

Damit sollte klarwerden, daß Erfolgsmessung nur ein Teil ist – ein eigentlich noch wichtigerer Teil ist die *Steuerung des Unternehmens*. Der Steuerung ist das kommende Kapitel gewidmet. Zunächst jedoch zur *Erfolgsmessung*.

Erfolg heißt in der BWL:
1. ein *guter* Jahresabschluß,
2. angemessene *Renditen*,
3. ein gutes *Betriebsergebnis*,
4. ein angemessener *Cash-flow*,
5. ein steigender*Unternehmenswert* bzw. *Shareholder-Value*.

Die Reihenfolge ist in dieser Aufzählung so gewählt, daß sie von

---

12 Gerade in den 90er Jahren erlebt Deutschland die Abwendung von einer (traditionellen) bilanz- und betriebsergebnisorientierten Denkweise hin zu einer kapitalmarktorientierten Denkweise. Mit ziemlicher Sicherheit kann man davon ausgehen, daß in Zukunft weitere Erfolgsmeßverfahren entwickelt werden bzw. werden müssen. Wahrscheinlich wird es aber noch eine gute Zeitlang dauern, bis die „traditionellen" Verfahren aussterben.

eher alten, traditionellen Sichtweisen zu eher modernen schreitet. Daher zuerst einmal ein kleiner Abriß, wie es von einem zum anderen kam:

Exkurs: Eine kleine Geschichte der Erfolgsmessung bzw. warum verschiedene *Erfolge*?

Der *Jahresabschluß* besteht aus Bilanz, Gewinn- und Verlustrechnung sowie Anhang (und evtl. Lagebericht) und war früher *das* zentrale Erfolgskriterium. Er ist (bei größeren Unternehmen) Pflicht als Ausweis des Erfolges gegenüber der Öffentlichkeit und auf ihm basiert (auch bei kleinen Unternehmen) die Festlegung der Steuerlast.[13]

Allerdings ist offensichtlich, daß eine Gewinnziffer – die ein zentrales Ergebnis eines Jahresabschlusses ist – allein nicht aussagekräftig ist: Wenn ein kleiner Tabakladen einen Gewinn von 100 000 DM macht, ist das schon ganz ordentlich. Wenn die Deutsche Bank denselben Gewinn auswiese, wäre dies ziemlich peinlich. Man muß also den Gewinn ins Verhältnis zum eingesetzten Kapital setzen. So errechnet man dann eine *Rendite* die aussagekräftiger ist als eine (absolute) Erfolgsgröße.

Es erwies sich jedoch, daß zur *wirtschaftlichen Führung (= Steuerung)* eines Unternehmens *das vorgeschriebene Rechenwerk*, das zum Jahresabschluß führt, *unzureichend* ist. Ein Problem ist, daß erstens im Jahresabschluß auch die Tätigkeiten des Unternehmens berücksichtigt sind, die nicht eigentlicher Betriebszweck sind; so zum Beispiel der Erfolg von Beteiligungen oder anderen Geldanlagen; typischerweise Finanzanlagen. Zweitens sind im Jahresabschluß viele Bewertungen von Vermögensgütern so vorgeschrieben, daß sie *ökonomisch* wenig sinnvoll sind. Außerdem dürfen bestimmte Aufwandsarten, wie z. B. die Renditeforderungen der Eigentümer, im Jahresabschluß nicht berücksichtigt werden. Aus diesen und einer Reihe weiterer Gründe begann man, nach rein internen Regeln ein *Betriebsergebnis* zu errechnen das – aus Sicht der

---

13 Die Handelsbilanzen aller großen Unternehmen werden veröffentlicht und von der Wirtschaftspresse eingehend kommentiert. Aber auch die Bilanzen kleiner Unternehmen sind nicht geheim, sondern im Handelsregister prinzipiell für jedermann einsehbar. Prinzipiell deswegen, weil den Hinterlegungspflichten eher nachlässig nachgekommen wird.

Unternehmensleitung – ein besseres Bild von der Lage des Geschäftes zeichnet als der offizielle Jahresabschluß. Dieses Betriebsergebnis war (und ist) „top secret" und nur für die Unternehmensleitung bestimmt.

Nachdem bei größeren Unternehmen auch die Öffentlichkeit gerne bessere Informationen über das Unternehmen hätte, aber man nicht an das *Betriebsergebnis* und (was genauso wichtig ist) die internen Methoden, wie es bestimmt wird, herankommt, machen Außenstehende (meist sind dies Finanzanalysten bei Banken oder Fondsgesellschaften) eine *Bilanzanalyse*. D.h. sie versuchen, anhand der offiziellen Jahresabschlußdaten mittels verschiedener Verfahren – darunter auch der *Cash-flow-Analyse* – zu mehr Informationen über die *wahre* Lage des Unternehmens zu kommen. Dies ist von großem Interesse für die aktuellen und potentiellen Aktionäre des Unternehmens, aber auch alle anderen Anspruchsgruppen wie z. B. die Banken, Lieferanten und Mitarbeiter. Natürlich weiß man intern um diese externen Analysen. Daher bemüht man sich, das Unternehmen so zu steuern (sowie den Jahresabschluß so zu gestalten), daß bei den externen Analysen möglichst ein positives Unternehmensbild entsteht.

> Je wichtiger die Ergebnisse externer Analysen als geeignet zur Einschätzung der Lage des Unternehmens gesehen werden, desto mehr werden externe Analysekriterien auch zu Mitteln der internen Unternehmenssteuerung!

Allerdings kommt es vor, daß externe Analysen zu unterschiedlichen Ergebnissen kommen. Daher vertritt eine zunehmende Anzahl von Ökonomen die Ansicht, daß die *Veränderung des Unternehmenswertes* von Jahr zu Jahr die momentan bestmögliche Schätzung für den Erfolg des Unternehmens darstellt. Dieser Gedanke wird vor allem in den USA favorisiert, beeinflußt jedoch stark das Denken im Rest der Welt. Man ist dabei der Überzeugung, daß nirgends so viel an Informationen über ein Unternehmen aggregiert ist, wie bei den Börsenteilnehmern. Daher stelle der Börsenwert eines Unternehmens die bestmögliche *Bewertung* dar. Eine Unternehmensführung im Sinne des *Shareholder Value-Gedanken* bedeutet, daß die Kombination aus (hoffentlich positiver) Unternehmenswertsteigerung (abzulesen am gestiegenen Aktienkurs) und der an die Aktionäre gezahlten Dividende möglichst groß sein soll. Handlungen, die den *Shareholder Value* bei Aktiengesellschaften steigern, sollten auch bei nicht notierten Gesellschaften – die in Deutschland in Form von GmbHs und Einzelfirmen bei weitem in der Überzahl sind – den Unternehmenswert steigern.

Zunächst aber zur traditionellen Basis, dem Jahresabschluß.

3.2 Erfolg Nr. 1: Der Jahresabschluß

Wozu ein gesetzlicher Abschluß?

Alle Kaufleute sind in Deutschland zur Buchführung und zur Erstellung eines Jahresabschlusses verpflichtet.[14] Der Gesetzgeber will eine „Dokumentation des Unternehmensgeschehens" in der Art, daß „ein den tatsächlichen Verhältnissen entsprechendes Bild" entsteht. Dieses soll

1. die *Information* aller naturgemäß Interessierten (Kapitalgeber, Arbeitnehmer, Kunden, Lieferanten) sicherstellen,
2. der Erfolgsermittlung dienen um *ergebnisabhängige Ansprüche* zu klären; z. B. die Höhe der Dividenden oder die Zahlungen an Genußscheininhaber[15] und
3. die Berechnung der an den Fiskus abzuführenden *Steuern*[16] nach der steuerlichen Leistungsfähigkeit ermöglichen.

Bei kleineren Unternehmen werden alle drei Ziele mit einer Bilanz zu erreichen versucht (Handelsbilanz, die gleichzeitig eine Steuerbilanz ist). Größere Unternehmen, die es sich leisten können und wollen, erstellen für die Aufgaben 1 und 2 eine *Handelsbilanz*, für die Aufgabe 3 eine *Steuerbilanz*.[17]

---

14 Kaufleute sind die Personengesellschaften (Einzelkaufleute, Personenhandelsgesellschaften), Kapitalgesellschaften (GmbH, AG etc.) und Genossenschaften.

15 Hierzu gibt es z. B. Regeln für *Mindestausschüttungen* und auch *Ausschüttungssperren*.

16 Nach Einkommens- bzw. Körperschaftssteuergesetz sowie Gewerbesteuergesetz.

17 Die Vorschriften zur Erstellung von Handelsbilanzen unterscheiden sich von denen zur Erstellung von Steuerbilanzen. Daher weisen sie in der Regel verschiedene Jahresüberschüsse (Erfolge) aus!

Die Vielfalt der Aufgaben zeigt schnell, daß *eine* Bilanz nur ein *Kompromiß* sein kann. Schon allein bei der reinen Informationsfunktion haben Arbeitnehmer z. B. ganz andere Interessen als Eigenkapitalgeber.

Wie ist diese gesetzlich vorgeschriebene Erfolgsermittlung aufgebaut?

3.2.1 Die Bestandteile der gesetzlichen Erfolgsrechnung

Viele Leute meinen den Jahresabschluß, wenn sie von der *Bilanz* sprechen. Der Jahresabschluß ist aber mehr, soll er doch ein „Bild der

Vermögens-, „welche Vermögensgegenstände hat das Unternehmen?"

Finanz- und „woher kommt das Geld, das investiert ist?"

Ertragslage „womit verdient das Unternehmen sein Geld?"

vermitteln."[18,19]

Um diese Forderungen zu erfüllen, besteht der Jahresabschluß aus vier Teilen:

Gewinn- und Verlustrechnung	Bilanz	Anhang	Lagebericht

Abb. 3.1: Die 4 Bestandteile des Jahresabschlusses

Anhang und Lagebericht

Für Einzelkaufleute und Personengesellschaften (tendenziell eher kleine Unternehmen) besteht der Jahresabschluß aus Bilanz und Gewinn- und Verlustrechnung (kurz G&V), für Kapitalgesellschaften zusätzlich aus einem Anhang und einem Lagebericht. Im An-

---

18 § 264 Abs. 2 HGB. Dieser Paragraph bezieht sich zwar nur auf Kapitalgesellschaften, darf aber dennoch als Ziel des Jahresabschlusses auch für Einzelkaufleute und Personengesellschaften gesehen werden.

19 Die Basis für den handelsrechtlichen Jahresabschluß bildet das dritte Buch des Handelsgesetzbuches, das sind die §§ 238 ff. Dieses Buch ist neugestaltet und stellt die Umsetzung der 4. EG-Richtlinie dar, die eine europaweite „Harmonisierung", d. h. Vereinheitlichung der Rechnungslegung von Kapitalgesellschaften zum Ziel hat.

hang finden sich Erläuterungen und Begründungen zu einzelnen Positionen von Bilanz und G&V, im Lagebericht wird auf die aktuelle Geschäftssituation und die voraussichtliche künftige Entwicklung der Gesellschaft eingegangen.

Anhang und Lagebericht sind wichtiger als meistens geglaubt wird. *Bilanz oder G&V eines großen Unternehmens sind ohne Anhang nicht mehr vernünftig lesbar.* Es besteht die Tendenz dazu, sowohl Bilanz als auch G&V knapp zu fassen und dann zu jeder einzelnen Position im Anhang genauere Erläuterungen zu geben.

Der Anhang – eine sinnvolle Erläuterung am Beispiel:

Auf der Vermögensseite der Bilanz weist der Daimler-Benz-Konzern für *1995 „Immaterielle Vermögensgegenstände"* in Höhe von 743 Millionen DM aus, der Wert für 1994 steht unmittelbar daneben mit 880 Millionen DM.[20]

Damit ist wenig anzufangen. Warum dieser Rückgang? Der *Anhang* klärt auf:

„Unter den Immateriellen Vermögensgegenständen von 743 (i. V. 880) Mio. DM sind Geschäftswerte, erworbene EDV-Software, Patente sowie in geringem Umfang geleistete Anzahlungen ausgewiesen. Der Rückgang gegenüber dem Vorjahr beruht im wesentlichen auf außerplanmäßigen Abschreibungen auf Geschäftswerte von Eurocopter und ElectroCom Automation, denen ein geringer Zugang aus dem Erwerb von Kässbohrer entgegensteht. Im Berichtsjahr sind außerplanmäßige Abschreibungen in Höhe von 290 (i. V. 9) Mio. DM vorgenommen worden."[21]

Der Lagebericht – das Wichtigste in aller Kürze am Beispiel:

Der Lagebericht soll „Geschäftsverlauf und die Lage der Kapitalgesellschaft so darstellen, daß ein den tatsächlichen Verhältnissen entsprechendes Bild vermittelt wird".[22] Außerdem soll eingegangen werden auf

- wesentliche Dinge, die *nach* dem Schluß des Geschäftsjahres eingetreten sind,
- die voraussichtliche Entwicklung,
- den F & E-Bereich (Forschung und Entwicklung) und
- evtl. bestehende Zweigniederlassungen.

---

20 Geschäftsbericht für das Geschäftsjahr 1995, S. 50.
21 Geschäftsbericht für das Geschäftsjahr 1995, S. 57.
22 § 289 HGB

Der Lagebericht der BASF AG lautet z. B.:

„Unser Geschäft verlief auch 1996 wieder erfolgreich. Wir haben die lebhafte Nachfrage der Weltmärkte genutzt und den Umsatz gesteigert. Die Kapazitäten konnten wir weitgehend auslasten.
In Deutschland war die Nachfrage aus den meisten Branchen schleppend. Den Erdgashandel haben wir deutlich ausgeweitet.
Unzufrieden waren wir in einzelnen Arbeitsgebieten mit den Preisen. Sie gaben spürbar nach. Günstigere Währungsrelationen, der Ausbau unserer konjunkturrobusten Aktivitäten und die Ausrichtung auf höhere Rentabilität ermöglichten uns, das gute Ergebnis des Vorjahres zu verbessern."[23]

In Lageberichten sollte man jedes Wort genau studieren!

Bilanz:
Die Darstellung der Vermögens- und Finanzlage
Auf der rechten Seite (=Passiv-, Finanzierungs-, Mittelherkunftsoder Schuldenseite) steht, woher das Geld gekommen ist, mit dem das Vermögen, das auf der linken Seite steht (= Aktiv-, Vermögens-,

Aktiva	Passiva
A. Anlagevermögen	A. Eigenkapital
I. Immatrielle Vermögensgegenstände	I. Gezeichnetes Kapital
II. Sachanlagen	II. Kapitalrücklage
III. Finanzanlagen	III. Gewinnrücklagen
Davon mit einer Restlaufzeit von mehr als 1 Jahr	IV. Gewinn/Verlustvortrag
B. Umlaufvermögen	V. Jahresüberschuß/-fehlbetrag
I. Vorräte	(alternativ zu IV und V:
II. Forderungen und sonstige Vermögensrückstände	IV. Bilanzgewinn/-verlust)
III. Wertpapiere	B. Rückstellungen
IV. Schecks, Kassenbestand, Bundesbank- und Postgiroguthaben, Guthaben bei Kreditinstituten	C. Verbindlichkeiten
	D. Rechnungssabgrenzungsposten
C. Rechnungsabgrenzungsposten	

Tab. 3.1: Bilanzgliederung (für „Kleine Kapitalgesellschaften")

---

23 Geschäftsbericht der BASF AG für das Geschäftsjahr 1996, S. 4.

Mittelverwendungsseite) erworben wurde.[24] Der Clou einer Bilanz ist, daß beide Seiten *gleich lang* sein müssen; d. h. die Summe der Werte auf beiden Seiten muß identisch sein. Für „Kleine Kapitalgesellschaften" schaut die vom Gesetzgeber geforderte Gliederung wie in Tab. 3.1 auf S. 41 dargestellt aus.

Übrigens: Die gerade angesprochenen *Immateriellen Vermögensgegenstände* finden sich also links oben unter der Position A. I.!

Achtung: Jetzt noch etwas ganz wichtiges:

1. Das, was auf der rechten Bilanzseite steht, ist *kein* verfügbares Geld! Es ist im Vermögen, das auf der linken Seite steht, gebunden. So ist z. B. eine *Gewinnrücklage*, die auf der rechten Bilanzseite steht, *kein Konto,* auf das diese Rücklage einbezahlt wird. Die Gewinnrücklage steckt in irgendeiner Form auf der linken Seite, ist also im Vermögen gebunden.

2. Warum steht nicht nur das Fremdkapital (im wesentlichen also Kredite), sondern auch das Eigenkapital auf der Schuldenseite der Bilanz? Antwort: Die Bilanz wird aus Unternehmenssicht aufgestellt. Und aus dieser Sicht hat das Unternehmen einmal Schulden in Form von Krediten, aber auch Schulden bei seinen Eigentümern. Diese Schulden heißen *Eigenkapital,* was jedoch nicht bedeutet, daß es Kapital des Unternehmens, sondern daß es Kapital der Eigentümern ist.

3. Nichtökonomen bezeichnen i.d.R. das, was Ökonomen Jahresüberschuß nennen, als Gewinn – nämlich den wirtschaftlichen Erfolg des Jahres.. Der Ökonom hingegen nennt nur den Teil des Jahresüberschusses, der an die Eigenkapitalgeber ausgeschüttet wird, Gewinn; genauer *Bilanzgewinn*.

3.2.2 Die Ermittlung des Erfolges in der Bilanz

Das Prinzip

Zur Ermittlung des *Erfolges* wird im wesentlichen nur das *Vermögen* des Unternehmens am Ende des vergangenen Jahres mit dem Vermögen am Ende des aktuellen Jahres verglichen. Diese Vermö-

---

24 Je nach Größe des Unternehmens muß die Bilanz mehr oder weniger fein untergliedert werden.

gensdifferenz wird – wenn sie positiv ist – besteuert. Was nach der Besteuerung übrig bleibt ist der *Jahresüberschuß.*

Achtung: Eines muß man beachten: Es interessiert nur der Vermögenszuwachs, der durch das Wirtschaften des Unternehmens angefallen ist; nicht der, der daraus resultiert, daß der Betrieb Geld aufgenommen und damit neue Vermögensgüter erworben hat!

Bei größeren Gesellschaften wird dieser Jahresüberschuß (wenn er positiv ist) meistens etwa halbe halbe zwischen dem Unternehmen und den Eigentümern aufgeteilt. Die Hälfte, die an die Eigentümer ausgezahlt wird (die Zahlung nennt man Dividende oder Gesellschafterausschüttung), heißt *(Bilanz-)Gewinn,* die andere Hälfte, die im Unternehmen verbleibt (thesauriert wird), heißt *Gewinnrücklage* (vgl. z. B. Tabelle 3.9 auf S. 56). Tendenziell sollte dieses Procedere die Eigentümer nicht betrüben: *Denn durch das im Unternehmen verbleibende Geld wird das Unternehmen reicher und der Anteil jedes Eigentümers mehr wert.* Aus Vermögenssicht kann es deshalb (oft) egal sein, ob thesauriert oder ausgeschüttet wird. Aus einer Cash-Sichtweise (der Anleger, nicht des Unternehmens) wird jedoch eine Ausschüttung bevorzugt.

Die Darstellung der Ertragslage in der Gewinn- und Verlustrechnung

Soviel zunächst zur Darstellung von Vermögens- und Finanzlage. Der Jahresabschluß soll aber zusätzlich ein Bild der *Ertragslage* geben. Dies geschieht in der *Gewinn- und Verlustrechnung.* Sie zeigt, *wie* ein bestimmter Jahresüberschuß zustande gekommen ist. Die G&V arbeitet mit den Begriffen *Aufwand* und *Ertrag.*[25] Der Saldo *Erträge minus Aufwendungen* ergibt wiederum den *Jahresüberschuß* – nur jetzt eben nicht wie in der Bilanz durch den Vermögensvergleich, sondern durch die Berechnung der Erträge minus der Aufwendungen im Jahresverlauf.

Ertrag
– Aufwand
= Jahresüberschuß (*Erfolg*)

---

25 Wer Schwierigkeiten mit der genauen Bedeutung dieser Begriffe hat, sollte unbedingt in den Anhang „Das betriebliche Rechnungswesen", Kapitel 7 schauen.

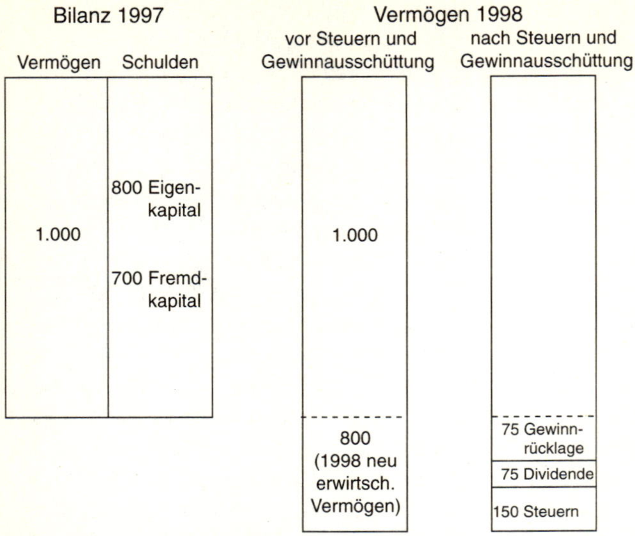

| Bilanz 1997 | | Vermögen 1998 | |
| Vermögen | Schulden | vor Steuern und Gewinnausschüttung | nach Steuern und Gewinnausschüttung |

	800 Eigen- kapital		
1.000		1.000	
	700 Fremd- kapital		

800
(1998 neu
erwirtsch.
Vermögen)

75 Gewinn-
rücklage

75 Dividende

150 Steuern

Die 75, die von der Vermögensmehrung des Jahres 1998 nach Bezahlung von Steuern und Dividenden übrigbleiben, müssen bei der Erstellung der Bilanz auch auf der Passivseite auftauchen, da beide Seiten einer Bilanz gleich lang sind. Dieser "Erfolg" erhöht das Eigenkapital. Die neue Bilanz sieht dann wie folgt aus:

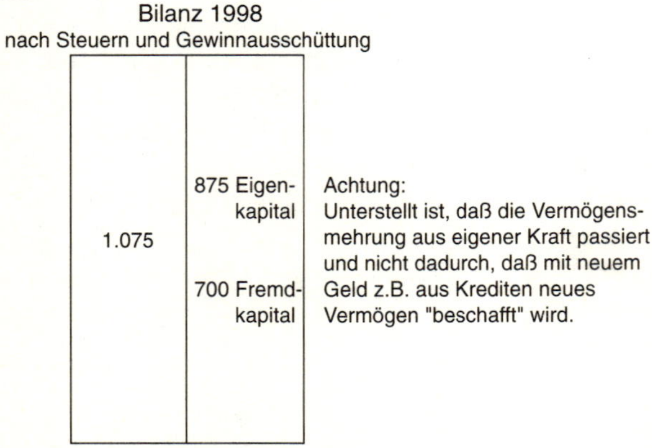

Bilanz 1998
nach Steuern und Gewinnausschüttung

| 1.075 | 875 Eigen-
kapital | Achtung:
Unterstellt ist, daß die Vermögens-
mehrung aus eigener Kraft passiert
und nicht dadurch, daß mit neuem |
| | 700 Fremd-
kapital | Geld z.B. aus Krediten neues
Vermögen "beschafft" wird. |

Abb. 3.2: Gewinnentstehung in der Bilanz

Umsatzkosten und Gesamtkostenverfahren:
Entweder wird der Aufwand dem Ertrag oder der Ertrag dem Aufwand angepaßt

Zwei von der Denkweise unterschiedliche Möglichkeiten gibt es, wie eine G&V aufzubauen ist. Die Wahlmöglichkeit entsteht dadurch, daß in einem Jahr die tatsächliche Produktion und der tatsächliche Absatz praktisch nie übereinstimmen: In aller Regel ist das Lager am Ende eines Jahres *leerer* oder *voller* als am Jahresanfang. Damit *paßt* der *Periodenaufwand* nicht so ohne weiteres zum *Periodenertrag*.

Zur Demonstration der Problematik kann man den Fall aufgreifen, daß ein Teil der Produktion nicht abgesetzt wird, sondern ins Fertigwarenlager wandert. Jetzt hat man zwei Möglichkeiten:

1. Man definiert als Periodenertrag den Jahresumsatz (= nur die verkauften Produkte!). Dann darf man diesem Umsatz nur *die* Aufwendungen gegenüberstellen, die zur Produktion der verkauften Waren notwendig waren – nicht *alle* Aufwendungen des Jahres! Diese Möglichkeit heißt *Umsatzkostenverfahren* – die Aufwendungen werden dem Ertrag angepaßt.

2. Alternativ kann man als Ertrag den Wert der verkauften Produkte *plus* die Lagerbestandserhöhung definieren. Dann muß man diesem Ertrag alle Aufwendungen – also auch die für nichtverkaufte Waren (= Lagerbestandserhöhung) – gegenüberstellen. Der Lagerbestand muß also bewertet werden. Damit wird der Ertrag dem Aufwand angepaßt – und diese Möglichkeit ist das *Gesamtkostenverfahren*.

Schematisch sieht das wie folgt aus (s. S. 46).

> Weltweit geht der Trend zum Umsatzkostenverfahren. Dennoch gibt es noch eine Reihe von Unternehmen, die nach dem Gesamtkostenverfahren abschließen.

Übrigens: Sowohl Umsatz- wie Gesamtkostenverfahren führen zum selben „Jahresüberschuß" wenn die Bewertung der Bestände identisch geschieht, nur auf einem anderen Weg!

In der Regel wird einmal im Jahr ein Jahresabschluß gemacht. *Theoretisch* kann aber in jedem Moment ein solcher erstellt werden. Im folgenden Beispiel wird aus Darstellungsgründen so vorgegangen.

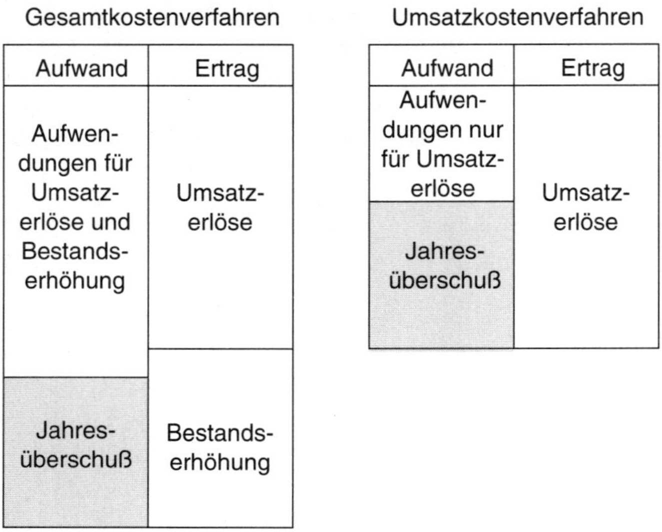

Gesamtkostenverfahren   Umsatzkostenverfahren

Aufwand	Ertrag
Aufwendungen für Umsatzerlöse und Bestandserhöhung	Umsatzerlöse
Jahresüberschuß	Bestandserhöhung

Aufwand	Ertrag
Aufwendungen nur für Umsatzerlöse	Umsatzerlöse
Jahresüberschuß	

Abb. 3.3: Die zwei Möglichkeiten der Gewinn- und Verlustrechnung: Gesamtkosten- und Umsatzkostenverfahren

3.2.3 Beispiel zur Bilanzierung und G&V-Rechnung: Die Anton-GmbH

Schreinermeister Anton macht sich selbstständig und eröffnet einen Betrieb in Form einer GmbH. Er startet mit seinem Gesparten, insgesamt einem Anfangskapitel von 50 000 DM, das er gleich auf sein Firmenkonto einzahlt.

Die Bilanz schaut im Moment der Firmengründung wie folgt aus: Auf der Finanzierungsseite (rechts) steht, daß *Eigenkapital* in Höhe von 50 000 DM in das Unternehmen gesteckt worden ist. Die Vermögensseite (links) besagt, daß das Geld in voller Höhe auf einem Bankkonto liegt. Die G&V ist noch unbeschrieben, weil bisher weder ein Ertrag noch ein Aufwand *passierte.* Die Einzahlung ist kein Ertrag, weil sie nicht durch ein *Geschäft*, sondern durch einen Kapitalgeber (den Schreinermeister) erfolgt ist!

Am kommenden Tag erwirbt Anton eine maschinelle Grundausstattung für 20 000 DM und Edelholz für 15 000 DM. Für Stoffe und Lacke gibt er nochmals 2000 DM aus; er nimmt das Geld vom Fir-

Umlaufvermögen	DM	Eigenkapital	DM
Guthaben bei Kreditinstituten	50 000	Stammkapital	50 000
Bilanzsumme	50 000	Bilanzsumme	50 000

Tab. 3.2: Bilanz der Anton-GmbH bei Gründung

menkonto. In der G&V hat sich (immer) noch nichts getan, aber die Bilanz hat sich verändert:

Umlaufvermögen	DM	Eigenkapital	DM
Roh-, Hilfs- und Betriebsstoffe	17 000	Stammkapital	50 000
Guthaben bei Kreditinstituten	13 000		
Anlagevermögen			
Maschinen	20 000		
Bilanzsumme	50 000	Bilanzsumme	50 000

Tab. 3.3: Bilanz nach Kauf von Maschinen, Holz, Stoff und Lack

Die Umwandlung eines Teiles des Kontobestandes in ein anderes Vermögensgut – hier Maschinen und RHB-Stoffe – ist ein Fall eines sogenannten *Aktivtausches*.[26]

Im kommenden Monat baut Anton ein komplettes „Yuppie-Wohnzimmer". Etwa die Hälfte seiner Zeit beschäftigt er sich handwerklich damit, die andere Hälfte ist er mit dem Aufbau seiner Verwaltung beschäftigt. Am Monatsende entnimmt er ein *Geschäftsführergehalt* von 5 000 DM aus der Kasse.

Wie sieht die Kasse aus? Es sind noch 50 000 -20 000 -15 000 -2 000 -5 000 = 8 000 DM darin. Auf der Vermögensseite steht jetzt außerdem das Wohnzimmer (Position „Fertige Erzeugnisse"), aber mit welchem Wert? Mit dem reinem Holzpreis von 15 000 DM? Nein, denn auch Stoffe und Lack sind verbraucht (Wert: 2 000 DM) und „stecken" im Wohnzimmer. Außerdem befindet sich die Hälfte seiner mit 5 000 DM entlohnten Arbeitszeit im Zimmer; d. h. zusätzliche 2 500 DM. Damit ist dieses 15 000 + 2 000 + 2 500 = 19 500 DM

---

26 Zur Vereinfachung bleiben Vor- und Umsatzsteuereffekte unberücksichtigt. Auch auf Abschreibungen wird verzichtet.

Umlaufvermögen	DM	Eigenkapital	DM
Vorräte:	0	Stammkapital	50 000
Roh-, Hilfs- und Betriebsstoffe	0	Monatserfolg	- 2 500
Fertige Erzeugnisse	19 500		
Guthaben bei Kreditinstituten	8 000		
Anlagevermögen			
Maschinen	20 000		
Bilanzsumme	47 500	Bilanzsumme	47 500

Tab. 3.4: Bilanz nach dem ersten Monat

„wert". Der Ökonom nennt das die *Herstellkosten.* Insgesamt stehen jetzt also auf der Vermögensseite Güter im Wert von 20 000 DM (Maschinen) plus 19 500 DM (Fertige Erzeugnisse) plus 8 000 DM (Guthaben bei Kreditinstituten), zusammen 47 500 DM. Was steht auf der Finanzierungsseite? Eigentlich erwartet man hier immer noch 50 000 DM. Das ist ein Irrtum:

Da das Vermögen (linke Seite) von 50 000 DM auf 47 500 DM geschrumpft ist, muß die rechte Seite der Bilanz diese Schrumpfung mitmachen; d. h. das *Kapital* wird weniger. So eine *Kapitalreduktion* geht immer zu Lasten des *Eigenkapitals.* Übrigens: Die Vermögensverringerung (und damit auch die Kapitalverringerung) entstand dadurch, daß durch den Aufbau der Verwaltung (Aufwand 2 500 DM) kein bilanzierungsfähiges Vermögensgut entstanden ist.

Die G&V (Umsatzkostenverfahren)[27] nach dem ersten Monat schaut so aus:

Umsätze		0	
Aufwendungen			
Herstellungskosten des Umsatzes	0		
Allgem. Verwaltungskosten	-2500		
Summe der Aufwendungen		-2500	
„Erfolg 1. Monat"			-2500

Tab. 3.5: Gewinn- & Verlustrechnung nach dem ersten Monat

---

27 Achtung: Umsatzkostenverfahren heißt: Nur die Aufwendungen für den Umsatz dürfen in der G&V berücksichtigt werden, denen *realisierte* Umsätze gegenüberstehen.

Im Monat darauf gelingt es ihm, das Wohnzimmer bar und frei Haus für 60 000 DM zu verkaufen. Der Möbelfuhrunternehmer verlangt 2 000 DM. Neue Möbel entstehen in diesem Monat nicht; Anton ist praktisch den ganzen Monat mit der Einrichtung seiner EDV beschäftigt. Da er noch einmal 5 000 DM für seine Lebenshaltung abhebt und 24 000 DM präventiv für Holz, Stoffe und Lacke ausgibt, ist jetzt sein Kassenbestand 8 000 DM (alter Bestand) + 60 000 DM (Umsatzeinzahlungen) -2 000 DM (Transport) -5 000 DM (Gehalt) -24 000 DM (Holz, Stoffe und Lacke) = 37 000 DM. Die einzigen Positionen der Vermögensseite sind das Bankkonto, die Maschinen und die Vorräte; damit *wächst* diese von 47 500 DM auf 81 000 DM (= 37 000 DM plus 20 000 DM plus 24 000 DM). Analog wächst auch die *Kapitalseite*, diesmal entsteht ein *Erfolg im 2. Monat* von 33 500 DM. Nachdem im ersten Monat ein Fehlbetrag in Höhe von -2 500 DM aufgetreten ist, muß sich von der Gründung bis zum aktuellen Zeitpunkt ein *Gesamterfolg* von -2 500 DM plus 33 500 DM gleich 31 000 DM ergeben.

Vom Moment der Unternehmensgründung bis zum Verkauf des Wohnzimmers ist somit ein (bilanzieller) *Gesamterfolg* von 31 000 DM aufgetreten.

Merken sollte man sich:

In der Bilanz wird mit *Bestandskonten* gearbeitet, in der G&V mit *Ertrags- und Aufwandskonten = Erfolgskonten*. G&V und Bilanz berechnen den gleichen *Periodenerfolg*. Das wird erreicht durch die *Doppelte Buchführung*, d. h. jeder Vorfall, der den *Erfolg*

Umsätze		60 000	
Aufwendungen			
Herstellungskosten des Umsatzes	–19 500		
Vertriebskosten	– 2 000		
Allgem .Verwaltungskosten	– 5 000		
Summe der Aufwendungen		26 500	
„Erfolg 2. Monat"			33 500

Tab. 3.6: G&V nach dem zweiten Monat

Umlaufvermögen	DM	Eigenkapital	DM
Roh-, Hilfs- und Betriebsstoffe	24 000	Stammkapital	50 000
Unfertige Erzeugnisse	0	Verlustvortrag	
		Monat 1	-2 500
Fertige Erzeugnisse	0	Erfolg	
		Monat 2	33 500
Guthaben bei Kreditinstituten	37 000	→ Gesamterfolg	31 000
Anlagevermögen			
Maschinen	20 000		
Bilanzsumme	81 000	Bilanzsumme	81 000

Tab. 3.7: Bilanz nach dem zweiten Monat

beeinflußt, wird gleichzeitig auf einem Bestandskonto und auf einem Erfolgskonto verbucht.[28]

3.2.4 Bilanzierungsgrundsätze

Natürlich ist im richtigen Leben nicht immer alles so einfach wie in unserem Einführungsbeispiel. Daher umfaßt die Bilanzierung ein komplexes rechtliches Regelwerk. Die Charakteristik dieses Regelwerkes kann jedoch anhand von einigen wenigen Grundregeln erfaßt werden. Diese folgen in aller Kürze jetzt:

Realisations- und Imparitätsprinzip oder auch: „immer schön vorsichtig!"

Fundamental ist der *Grundsatz der Vorsicht*.[29] Er durchdringt das ganze deutsche Bilanzierungsrecht. Doch was heißt das konkret? Erträge dürfen danach erst dann als solche ausgewiesen werden, wenn ein Geschäft *realisiert* wurde; d. h. wenn z. B. der Kaufvertrag abgeschlossen, die Rechnung gestellt wurde und der Gefahrenübergang der Lieferung erfolgt ist. Es ist z. B. kein Ertrag, wenn Anton *meint*, eine Einrichtung für 60 000 DM verkaufen zu können

---

28 Andere Darstellungen sprechen von doppelter Buchführung, weil bei jeder Buchung ein Soll- und ein Habenkonto angesprochen wird.

29 § 252 Abs. 1 Nr. 4 HGB

– er muß sie verkauft haben, damit der Erfolg realisiert wird (= *Realisationsprinzip*[30]).

Greifbar wird der Grundsatz der Vorsicht außerdem im *Imparitätsprinzip* bei der Bewertung von Vermögensgegenständen aber auch von Verbindlichkeiten.

Imparität heißt „ungleiche Behandlung" von (künftigen) Erträgen und Aufwendungen:

Dazu zwei Beispiele:
Beispiel 1:
Erträge sollen erst dann ausgewiesen werden, wenn sie *sicher* sind, *Aufwendungen* bereits dann, wenn sie *drohen.* Laufen beispielsweise gerade zwei Prozesse, und besteht dieselbe Chance aus dem einen 10 000 DM an Entschädigung zu erhalten, wie aus dem anderen 10 000 DM an Schadensersatz zahlen zu müssen, *muß* der Erwartungswert der zu leistenden Schadensersatzzahlung in die Bilanz aufgenommen werden. Die ebenfalls erwartete Einzahlung aus der Entschädigung *darf nicht* berücksichtigt werden.

Beispiel 2:
Kauft Anton beispielsweise eine Jugendstil-Kommode als Handelsware für 10 000 DM, um sie bei Gelegenheit weiterzuverkaufen, ist es o.k., diese anfangs mit 10 000 DM in der Bilanz aufzuführen. Merkt Anton jedoch auf einmal, daß Jugendstilkommoden „out" sind und vergleichbare Kommoden wie die in seinem Lager zu 5000 DM gehandelt werden, muß er den *Wert* seiner Kommode *berichtigen.* Er muß den Wert auf den niedrigeren korrigieren (Imparitätsprinzip in der Ausprägung des *Niederstwertprinzipes*). Diese Wertberichtigung heißt *Sonderabschreibung.* Sie wäre übrigens auch fällig gewesen, wenn z. B. ein Wasserschaden den Wert der Kommode reduziert hätte!

Weitere wichtige Grundsätze sind:
Fortführung der Unternehmenstätigkeit oder „Going-Concern-Prinzip"
Bei allen Bewertungen soll davon ausgegangen werden, daß das Unternehmen weitergeführt wird. Jedes Möbelstück von Schreiner

---

30 § 252 Abs. 1 Nr. 4 HGB

Anton wird bei einer Fortführung des Betriebes wahrscheinlich einen höheren Preis erzielen, wie wenn es wegen Unternehmensauflösung bei einer Konkursversteigerung verkauft werden würde. Entsprechend ist eine „Going-Concern-Bewertung" in der Regel höher als eine Zerschlagungsbewertung.[31]

Stetigkeit

Stetigkeit meint, daß bei evtl. bestehenden Wahlrechten die Variante, die im letzten Jahresabschluß gewählt wurde, auch im neuen gewählt wird.[32] Wenn also z. B. im letzten Jahr *linear* abgeschrieben wurde, sollte dies nicht ohne ersichtlichen Grund in eine *degressive* Abschreibung geändert werden.

Vollständigkeit

Der Grundsatz spricht für sich. Beispielsweise leitet sich aus ihm die Pflicht zur Führung eines Inventars (einer Liste, auf der alle in der Buchhaltung erfaßten Güter erfaßt sind) oder die Durchführung einer Inventur (Prüfung der Richtigkeit des Inventars durch *körperliche Bestandsaufnahme* (d. h. Nachzählen)) ab.[33]

Klarheit und Übersichtlichkeit

Damit ist gemeint, daß die Buchführung unmißverständlich sein sollte, d. h. z. B. daß bei der Bilanzierung alle Vermögensgegenstände *einzeln* zu bewerten sind. Damit ist es verboten, z. B. den ganzen Fuhrpark „auf einmal" zu bewerten oder zwischen Erträgen und Aufwendungen (oder der Vermögensseite und der Schuldenseite der Bilanz) zu saldieren.[34]

Richtigkeit und Willkürfreiheit

Dies soll heißen, daß objektiv gehandelt werden soll. Das wiederum meint, daß die den Bewertungen zugrundeliegende Sachverhalte auch von andere Personen nachvollzogen werden können. Wenn Anton nur mit 50%iger Wahrscheinlichkeit damit rechnet, daß ein Kunde seine Rechnung über 30 000 DM nicht bezahlt, ist

---

31 § 252 Abs. 1 Nr. 2 HGB
32 § 252 Abs. 1 Nr. 6 HGB
33 § 239 Abs. 2 und § 246 Abs. 1 HGB
34 § 252 Abs. 1 Nr. 3 HGB

es *nicht* willkürfrei, wenn er die Forderung auf 0 DM *wertberichtigt.*[35]

3.2.5 Die wichtigsten Positionen aus Bilanz und G&V

Bisher waren unsere Bilanzen etwas *roh*. Wie schaut jedoch eine *echte Mindestbilanz* aus? So manche Position ist selbsterklärend, andere wiederum nicht. Eine beliebte Frage in der mündlichen Prüfung für wacklige BWL-Kandidaten ist beispielsweise: „Nennen Sie den Unterschied von Rückstellungen und Rücklagen." Wem wäre das klar gewesen?[36]

Aktivseite	02	01	Passivseite	02	01
A. Anlagevermögen			A. Eigenkapital		
I. Sachanlagen	2000	1700	I. Gezeichnetes	800	800
II. Finanzanlagen	400	415	Kapital	350	350
			II. Kapitalrücklage		
B. Umlaufvermögen			III. Gewinnrücklage	300	300
I. Vorräte			IV. Bilanzgewinn	120	50
1. Roh-, Hilfs-					
und Betriebs-			B. Rückstellungen		
stoffe	550	380	1. Pensionsrückstel-		
2. Geleistete			lungen	300	280
Anzahlungen	80	75	2. Sonstige Rückstel-		
II. Forderungen aus			lungen	200	70
Lieferungen und					
Leistungen	250	175	C. Verbindlichkeiten		
III. Wertpapiere	175	550	1. Gegenüber Kredit-		
IV. Guthaben bei			instituten	1155	1115
Kreditinstituten	500	560	2. Erhaltene Anzah-		
			lungen auf Bestel-		
			lung	160	120
			3. Verbindlichkeiten		
			aus Lieferung und		
			Leistung	600	800
C. Rechnungsabgren-			C. Rechnungsabgren-		
zungsposten	45	45	zungsposten	15	15
	4000	3900		4000	3900

Tab. 3.8: Bilanz zum 31.12.02 der Scholz-Grauguß AG[37]

---

35 § 239 Abs. 2 HGB
36 Falls Sie es nicht wissen: Die Auflösung kommt auf S. 54 f.
37 Die Gliederung dieser Bilanz ist am „verkürzten Gliederungsschema für kleine Kapitalgesellschaften" orientiert; die Daten des Beispiels sind angelehnt an Drukarczyk, J., Finanzierung, 4. Auflage 1989, S. 68.

Zunächst einmal zur rechten Seite:

Das Eigenkapital besteht zunächst einmal aus dem *gezeichneten Kapital* oder *Grundkapital*. Das ist bei einer AG der auf der Aktie gedruckte *Nennwert* multipliziert mit der Anzahl der emittierten Aktien. Bei der Telekom hat z. B. eine Aktie einen Nennwert von 5 DM. Da die Aktie aber zu einem Preis von 28,50 DM verkauft wurde, hat die Telekom pro Aktie 23,50 DM mehr erlöst. Dieser *Mehrerlös* wird in den *Kapitalrücklagen* verbucht. Erzielt die Gesellschaft einen positiven Jahresüberschuß, wird i.d.R. ein Teil an die Aktionäre ausgeschüttet (die *Dividende*), ein Teil verbleibt in der Gesellschaft und wird als *Gewinnrücklage* verbucht. *Der Gewinn- oder Verlustvortrag* ist der Teil des Jahresergebnisses, der in den Vorjahren weder zur Ausschüttung, noch zur Rücklagenzuführung, noch auf sonstige Weise verwendet wurde: Hat z. B. das Vorjahr mit einem Bilanzverlust abgeschlossen, dann erscheint dieser in der aktuellen Bilanz als *Verlustvortrag* (und damit mit einem negativen Vorzeichen). Tritt im aktuellen Jahr dann ein positiver Jahresüberschuß auf, wird dieser mit dem Verlustvortrag *verrechnet*, nur der den Verlustvortrag übersteigende Teil muß versteuert werden.

Man denke immer daran, daß „Eigenkapital" eigentlich nur eine buchungstechnische Größe ist. Teile dieser Größe haben einen „Schwammcharakter", d. h. man kann sie (wiederum buchungstechnisch) schrumpfen lassen, wenn ein Verlust aufgetreten ist, oder wachsen lassen, wenn ein Gewinn aufgetreten ist. Diesen Schwammcharakter erfüllt insbesondere die Position III, die *Gewinnrücklage.*

Jetzt zu den berühmt-berüchtigten *Rückstellungen*: Das sind Merkposten für Verbindlichkeiten, von denen ungewiß ist, ob sie überhaupt je auftreten oder deren genaue Höhe unklar ist. So werden z. B. Rückstellungen für schwebende Prozesse gebildet, aus denen man z. B. eine Schadensersatzforderung erwartet; oder für Garantieleistungen und Kulanzen. Ein besonders großer Posten sind meist die *Pensionsrückstellungen*: Man weiß zwar, daß das Unternehmen beim Ausscheiden von Mitarbeitern, denen Pensionszusagen gemacht wurden, Zahlungen zu leisten hat, im Einzelfall und in der Summe jedoch noch nicht genau wieviel.

Bitte merken:

1. Rückstellungen sind Verbindlichkeiten und somit fremdkapital-
   ähnliches Kapital!
2. Rückstellungen sind keine Konten, von denen Geld abgehoben
   werden kann!

Der Posten *Verbindlichkeiten* spricht eigentlich für sich. Interessant ist jedoch, daß Verbindlichkeiten auch im Erbringen von Leistungen bestehen können, wenn man z. B. Anzahlungen erhalten
hat.

Rechnungsabgrenzungsposten (RAP) werden dann gebildet,
wenn ein Vorgang durch den Jahresabschluß künstlich „durchge-
schnitten" wird. Typische Fälle für solche Abgrenzungen sind Mieten, Pachten, Versicherungsbeiträge, Zinsen, Kfz-Steuern und Beiträge. Hat man diese selbst schon (voraus-)gezahlt, besteht also noch
eine Art Leistungsanspruch (in Raumnutzung, Versicherungsschutz
etc.) für die Zeit nach Bilanzstichtag, dann steht der RAP auf der
Vermögensseite. Auf der Passivseite steht er dann, wenn man selbst
noch eine Leistung erbringen muß, für die man bereits bezahlt
wurde.

Jetzt zur linken Seite, der *Vermögensseite*:

Auf der *Aktivseite* steht das gesamte physische und große Teile
des nicht-physischen Vermögens. Unter dem *Anlagevermögen* sind
die Teile einzuordnen, die längere Zeit zur Nutzung bestimmt sind.
Alles, was nicht auf Dauer dem Geschäftsbetrieb dienen soll, also
z. B. alle Dinge, die verarbeitet (z. B. Rohstoffe) oder anderweitig
umgesetzt werden (z. B. Kapitalanlagen, die man nur kurzfristig halten will), sind *Umlaufvermögen*. Nicht der Gegenstand ist also ent-
scheidend für die Zuordnung zum einen oder anderen Vermögen,
sondern die *Nutzung*: Für einen Autohändler ist sein Firmenwagen
Audi A8 Anlagevermögen, steht ein ähnlicher A8 auf dem Hof zum
Verkauf, ist er Umlaufvermögen.

3.2.6 Grundzüge der Bilanzanalyse: Was ist eine gute, was eine schlechte Bilanz?

Das was man gemeinhin Bilanzanalyse nennt ist eigentlich eine
Jahresabschlußanalyse. Es geht also um die Durchsicht aller von einem Wirtschaftsprüfer testierten und veröffentlichten Angaben eines

**Gewinn- und Verlustrechnung der Scholz-Grauguß AG zum
31.12.02 (alle Zahlen in TDM)**

	02	01
Umsatzerlöse	5 000	5 500
− Herstellungskosten der zur Erzielung der Umsatzerlöse erbrachten Leistungen	4 000	4 480
= Bruttoergebnis vom Umsatz	1 000	1 020
− Vertriebskosten	280	300
− Verwaltungskosten	520	550
+ sonstige betriebliche Erträge		
Patent- und Lizenzgebühren	110	100
Erträge aus der Auflösung von Rückstellungen	20	10
+ Erträge aus Wertpapieren und Ausleihungen des Finanzanlagevermögens	60	50
− Abschreibungen auf Finanzanlagen u. andere Wertpapiere des Umlaufvermögens	30	40
− Zinsen und ähnliche Aufwendungen	90	80
= Ergebnis der gewöhnlichen Geschäftstätigkeit	270	210
− Steuern vom Einkommen und Ertrag	150	110
= Jahresüberschuß	120	100
− Einstellungen in Gewinnrücklagen	0	50
= Bilanzgewinn	120	50

Zusatzinformation aus dem Anlagespiegel: Die Abschreibungen auf das
Sachanlagevermögen betragen DM 500.

Tab. 3.9: Gewinn- und Verlustrechnung der Scholz-Grauguß AG

Unternehmens mit dem Ziel, mehr über das Unternehmen herauszu-
finden, als man auf den ersten Blick dem Jahresabschluß zu entnehmen vermag.

Hier soll nicht auf das interessante und nicht ganz einfache Feld
der Bilanzanalyse eingegangen werden. Statt dessen werden die sogenannten *BAV-Regeln* angeschaut.[38] Das Bundesaufsichtsamt für

---

[38] Leitfaden für die Vergabe von Unternehmenskrediten („Kreditleitfaden"),
Verlag Versicherungswirtschaft e.V., Karlsruhe 1992.

das Versicherungswesen (BAV) legt darin fest, welche Eckwerte Unternehmen erfüllen müssen, um von Versicherungen Fremdkapital in Form von Schuldscheindarlehen aufnehmen zu können. Da das Geld der Versicherungen aus den Prämienzahlungen kommt und die Grundlage für eventuelle Versicherungsleistungen darstellt, muß es nicht nur ertragsbringend, sondern auch *besonders sicher* angelegt sein. Man kann also sagen, daß – insoweit Bilanzen etwas über die Sicherheit auszusagen vermögen – Unternehmen, die diese BAV-Regeln erfüllen, (sehr) gute Bilanzen haben.[39]

Die BAV-Regeln sind:

Bonitätskriterien	Mit Sicher-heiten[1]	Negativklausel[1]
1. Gesamtkapitalrendite	6%	6%
2. Entschuldungsdauer	7 Jahre	7 Jahre
3. Finanzierungskoeffizient	2	2
4. Nebenbedingung: Eigenkapital-quote	20%	30%

[1] Normalerweise sind die Kredite durch Grundschulden zu sichern; im Fall der Negativklausel wird darauf verzichtet; es muß aber dann die Einhaltung der Regeln jedes Jahr vom Wirtschaftsprüfer testiert werden.

Tab. 3.10: Die BAV-Regeln

Regel 1: Gesamtkapitalrendite

Die Gesamtkapitalrendite stellt *das* Meßinstrument für die *Ertragskraft* dar. Bei einer Rendite wird ein *Erfolg* immer auf ein *eingesetztes Kapital* bezogen. Um den Erfolg zuverlässig zu messen, wird der Jahresüberschuß um *außerordentliche Aufwendungen und Erträge* bereinigt. Im Nenner wird ein *durchschnittliches Gesamtkapital* verwandt.

Die Versicherungswirtschaft rechnet wie folgt:

Jahresüberschuß + Steuern + außerordentliche Aufwendungen – außerordentliche Erträge + Zinsen = Erfolg
1/2 · Kapital zu Jahresanfang + 1/2 · Kapital zu Jahresende = eingesetztes Kapital

---

39 „Gut" insoweit, als das Unternehmen auch künftig in der Lage gesehen wird, seine Verbindlichkeiten zurückzuzahlen.

Regel 2: Entschuldungsdauer

Interpretation: Hier wird die Ertragskraft ins Verhältnis zu den Schulden gesetzt. Gefordert wird, daß – wenn nicht neu investiert, sondern die Überschüsse nur zur Schuldenrückzahlung verwendet würden – das Unternehmen spätestens nach 7 Jahre schuldenfrei ist![40]

Im Prinzip wird wie folgt gerechnet:

$$\text{Entschuldungsdauer in Jahren} = \frac{\text{(Bereinigte) Schulden}}{\text{max. mögliche Tilgung p.a.}}$$

Als *Schulden* versteht das BAV im wesentlichen das gesamte Fremdkapital abzüglich der Pensionsrückstellungen, zuzüglich einem Drittel *außerbilanzieller* Verbindlichkeiten – wie z. B. Leasingverbindlichkeiten.

Als maximal mögliche Tilgung versteht es den Jahresüberschuß ohne *außerordentliche* Vorkommnisse plus Abschreibungen auf Sachanlagevermögen, auf immaterielles Vermögen, auf Finanzanlagen, auf Wertpapiere und steuerliche Sonderabschreibungen; also *einen* Cash-flow.

Regel 3: Finanzierungskoeffizient

Der Finanzierungskoeffizient ist die modernste dieser Kennzahlen und hat erst seit kurzem Eingang in die Bilanzanalyse gefunden. Er stellt einen Zusammenhang zwischen dem langfristig dem Unternehmen zur Verfügung stehenden Kapital und seinen Schulden her. Gerechnet wird wie folgt:

$$\text{Finanzierungskoeffizient} = \frac{\text{(Bereinigte) Schulden}}{\text{Eigenkapital + Pensionsrückstellungen}}$$

Tendenziell kann man sagen: Je kleiner die Schulden im Vergleich zum langfristig zur Verfügung stehendem Kapital, desto höher die Bonität des Unternehmens. Achtung: Die Formel erweckt den Eindruck, daß Pensionsrückstellungen etwas ähnliches wie Eigenkapital sind und ganz etwas anderes als der Zähler, die *Schulden*. Rein rechtlich ist dem nicht so: Pensionsrückstellungen sind Schulden –

---

40 Eine ähnliche Denkweise zeigt sich übrigens im „Maastricht-Kriterium", nach dem die Verschuldung eines Landes nicht mehr als 60% des BSP ausmachen soll. Das BSP ist die Summe der produzierten Güter und Dienstleistungen einer Volkswirtschaft und damit *ein* Maß für die Leistungsfähigkeit einer Volkswirtschaft.

aber wirtschaftlich gesehen stehen sie langfristig zur Verfügung und werden daher zum quasi unbegrenzt langfristig zur Verfügung stehenden Eigenkapital hinzuaddiert.

Die letzte Regel geht noch einmal explizit auf die wichtige Stellung des Eigenkapitals ein:

Regel 4: „Eigenkapitalgrundsatz: Die vertikale Bilanzstruktur"

Hier geht es um die *Vermeidung eines Konkurses aus Überschuldung*. Dazu wird auf die Kapitalseite der Bilanz geschaut: Vom Gesamtkapital (= Summe von Eigen- und Fremdkapital) sollten 20% Eigenkapital (= Eigenkapitalquote = 20%) sein.[41] Warum? Erstens vernichten Verluste Eigenkapital. Wird mehr als das gesamte Eigenkapital durch Verluste aufgefressen, dann ist das Unternehmen *überschuldet* (Eigenkapital negativ, vgl. Abb. 3.4, S. 59) – für Kapitalgesellschaften ein Konkursgrund! Daher sorgt der Grundsatz dafür, daß mit 20% oder mehr EK ein (baldiger) Konkurs aus Überschuldung unwahrscheinlich sein sollte. Zweitens kann in schlechten Zeiten auf Zahlungen an Eigenkapitalgeber wesentlich leichter verzichtet werden als auf die Leistung von Fremdkapitalzinsen.[42] Daher ist unter *Sicherheitsaspekten* ein hoher Eigenkapitalanteil ratsam.[43]

Bilanz

Vermögen	1 000	Eigenkapital	– 200
		Fremdkapital	1 200
Bilanzsumme	1 000	Bilanzsumme	1 000

Abb. 3.4: Der Fall der Überschuldung

---

41 Das ist die abgemilderte Version einer (alten) Forderung, nach der das Verhältnis von Eigenkapital zu Fremdkapital 1:1 sein sollte.

42 Die Nichtzahlung von FK-Zinsen kann ebenfalls – wenn die Illiquidität von Dauer ist – Konkursgrund sein.

43 In Kapitel 5.4 wird sich herausstellen, daß die Maximierung des Eigenkapitalanteils dennoch keine sinnvolle Vorgehensweise darstellt, da diese zu ungünstig hohen Gesamtkapitalkosten führt.

Warum „vertikale" Bilanzstruktur? Es wird nur eine Seite (Kapitalseite) der Bilanz angeschaut; und der „obere Teil" (= Eigenkapital) mit dem „unteren" (= Fremdkapital) verglichen!

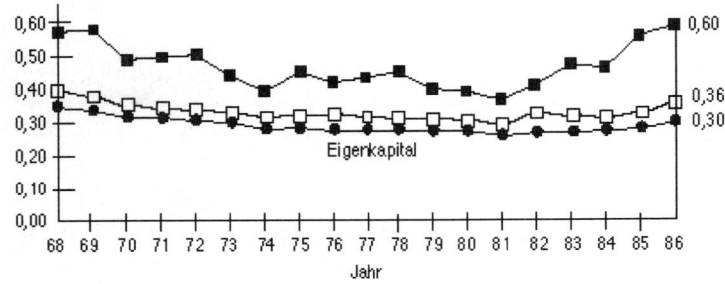

■ Börsenorientierte AG's auf Basis von Marktwerten
☐ Börsenorientierte AG's auf Basis von Bilanzwerten
● Alle Aktiengesellschaften auf Basis von Marktwerten

Abb. 3.5: Eigenkapitalquoten deutscher Aktiengesellschaften

Deutlich zeigt die Abbildung mit der durchschnittlichen Eigenkapitalausstattung, daß Großunternehmen die Forderungen von einer Eigenkapitalquote von 20% im Schnitt gut erfüllen. Wie man sieht, ist die durchschnittliche Eigenkapitalausstattung von 2 Faktoren besonders abhängig:

1. Der Art der Messung: Messungen auf Basis von Marktwerten (eigentlich die *richtige* Art der Messung, aber problemlos nur bei Aktiengesellschaften möglich) führen im Schnitt zu rd. 50% höheren Eigenkapitalquoten als die klassischen Messungen auf Basis von Buch- (=Bilanz-) Werten, wie sie noch das BAV durchführt.

2. Wie ersichtlich ist, haben die börsennotierten Aktiengesellschaften höhere Eigenkapitalquoten als nicht-börsennotierte. Es ist bekannt, daß GmbHs noch niedrigere Quoten als Aktiengesellschaften haben. Daher ist die Forderung einer 20%igen Eigenkapitalquote (zu Buchwerten) zwar nicht für große, wohl aber für kleine Gesellschaften eine echte Herausforderung.

3.2.7 Beispiel: Hat die Scholz-Grauguß AG eine „gute" Bilanz?

Regel 1:

Die *Gesamtkapitalrendite*$_{BAV}$[44] der Scholz-Grauguß bestimmt sich wie folgt: Das Betriebsergebnis ist: 1000 DM (Bruttoergebnis vom Umsatz) -800 DM (Vertriebs- und Verwaltungskosten) + 110 DM (Erträge aus Patenten und Lizenzen), d. h. 310 DM; die Zinsen betragen 90 DM. Im Nenner stehen also 400 DM; denn von den sonstigen betrieblichen Erträgen werden nur die berücksichtigt, die wahrscheinlich von Dauer sind. Das durchschnittliche Gesamtkapital beträgt (3900 + 4.000) : 2 = 3950 DM. Damit errechnet sich die Gesamtkapitalrendite$_{BAV}$ als 400 : 3 950 = 10,1%. Das ist eine Größenordnung, wie sie z. B. von der BASF-AG im *Konjunkturschnitt* angestrebt wird; prinzipiell ein gutes Ergebnis.[45]

Regel 2:

Die *Entschuldungsdauer* benötigt zunächst die Bereinigten Schulden$_{BAV}$; das sind 1155 DM (Bankkredite) + 160 DM (Erhaltene Anzahlungen auf Bestellungen) + 600 DM (Lieferantenverbindlichkeiten) + 15 DM (passivistische Rechnungsabgrenzungsposten), in der Summe 1 915 DM. Dem steht ein Cash-flow$_{BAV}$ gegenüber, der sich aus 310 DM (Betriebsergebnis$_{BAV}$) -150 DM (Steuern) + 500 DM (normale Abschreibungen) + 30 DM (Abschreibungen auf Finanzanlagen und Wertpapiere des UV) = 690 DM errechnet. Als Entschuldungsdauer ergeben sich damit 2,78 Jahre; das ist ein sehr guter Wert.

Regel 3:

Der *Finanzierungskoeffizient*$_{BAV}$. Die *bereinigten Schulden* wurden gerade eben mit 1 915 DM berechnet. Das Eigenkapital am Jahresende ist die Summe aller Eigenkapitalpositionen, also 800 + 350 + 300 + 120 = 1570 DM. Die Pensionsrückstellungen betragen 300 DM. Damit ist das gesamte, quasi langfristig zur Verfügung stehende

---

44 Der kleingeschriebene Index „BAV" soll andeuten, daß andere Institutionen z. B. eine „Gesamtkapitalrendite" ein bißchen anders ausrechnen würden – es gibt keine genormten Definitionen!
45 Vgl. Tab. 4.1, S. 94.

Kapital 1870 DM und der Finanzierungskoeffizient beträgt 1915 : 1870 = 1,02; ebenfalls ein sehr guter Wert.

Regel 4:

Wie schaut es mit der Eigenkapitalquote aus? Sie ist einfach zu berechnen: Gesamtes Eigenkapital dividiert durch Gesamtkapital. In diesem Fall: 1570 : 4000 = 39%; ein für deutsche Verhältnisse hervorragender Wert.

Zusammenfassend muß man feststellen:

Die Scholz-Grauguß gibt für einen bilanzorientierten Betrachter ein gutes, um nicht zu sagen sehr gutes Bild ab. Allerdings ist die Bilanz nur die halbe Wahrheit. Denn:

Die Ziffern aus *einer* Bilanz sind nur wenig aussagekräftig – man bräuchte mindestens 3 aufeinanderfolgende Abschlüsse, um zu einem fundierten Urteil zu gelangen

Es genügt nicht, sich das Zahlenwerk anzuschauen – Anhang und Lagebericht müssen genau studiert werden.

Was aus dem Jahresabschluß bestenfalls andeutungsweise hervorgeht, ist die *Strategische Position* des Unternehmens – d. h. das Zukunftpotential. Das muß man versuchen anderweitig zu eruieren.

Zunächst jedoch zu einer für viele zentralen Bilanzfrage: Wo kann eigentlich in einer Bilanz der Hase im Pfeffer liegen?

3.2.8 Methoden der Bilanzpolitik: Wo und wie wird gerne manipuliert?

Um Hinweise auf mögliche *bilanzpolitische Maßnahmen* zu finden, sollte man die einzelnen Bilanz- und G&V-Positionen *mehrerer aufeinanderfolgender* Jahre (und das sollten im Minimum 3, besser 4 Jahre sein!) vergleichen.

Was können Hinweise darauf sein, daß eine *schlechte* Bilanz geschönt wurde?

Argwohn ist angebracht, wenn[46]

- die G&V-Position *Sonstige betriebliche Erträge* deutlich steigt (hier spiegelt sich oft die Realisierung *stiller Reserven* wider). Wirkung: Gewinn steigt.

- der Jahresüberschuß mehrere Perioden annähernd gleich groß ist (das ist unwahrscheinlich, in solchen Fällen liegt der Verdacht nahe, daß man in guten Jahren den Überschuß „verkleinert" und in schlechten Jahren die stillen Reserven hebt).

- der Posten *Aufwendungen für die Ingangsetzung und Erweiterung des Geschäftsbetriebes* in der Bilanz auftaucht (normalerweise wird hier nicht aktiviert, da kein eigentliches bilanzierungsfähiges *Wirtschaftsgut* zugrundeliegt). Wirkung: Im Moment der Aktivierung steigt der Gewinn.

- *Sale-and-lease-back-Geschäfte* vorgenommen werden (darauf verzichtet man normalerweise; hier wird schnelle Liquidität geschaffen; i.d.R. werden gleichzeitig stille Reserven gehoben, da der Verkauf meist über Buchwert erfolgt). Wirkung: Gewinn steigt.

- das *außerordentliche Ergebnis* groß ist oder wächst (hier sind *Erträge außerhalb der gewöhnlichen Geschäftstätigkeit* zusammengefaßt, z. B. Gewinne aus Verkäufen des Anlagevermögen – es bieten sich z. B. Verkäufe von Beteiligungen an –, der (Teil-) Forderungsverzicht eines Gläubigers, Zuschüsse von Gesellschaftern oder vom Staat). Wirkung: Gewinn steigt.

- Pensionsverpflichtungen nicht in voller Höhe als *Pensionsrückstellungen* passiviert werden. Wirkung: Gewinn steigt.

- bei langfristigen Fertigungsaufträgen *Gewinne bereits bei Teilleistungen realisiert* werden. Wirkung: Gewinn steigt.

- *Bewertungswechsel* oder *Methodenwechsel* in irgendeiner Form stattfinden.

Typische Fälle von *Bewertungswechseln* können vorliegen, wenn

- Erträge aus der *Auflösung von Rückstellungen* auftreten (z. B. durch Reduzierung von Garantierückstellungen). Wirkung: Gewinn steigt.

---

46 Vgl. Küting, K., Signale in der Krise, in: Capital 10/1996, S. 38, Claßen, W., Enzweiler, T. und Hillebrand, W., in: Capital 10/1996, S. 40, Schwarz, M., Unternehmenssteuerung nach Kennzahlen, Skript beim Kontaktstudium Management, Universität Augsburg.

- Aufwand vermieden wird, indem notwendige Rückstellungen unterbleiben. Wirkung: Gewinn steigt.

- *Änderungen der Abschreibungsmethodik* vorgenommen werden (müßte im Anhang stehen; z. B. führt eine Verlängerung der Nutzungsdauer zu geringeren Abschreibungen). Wirkung: i.d.R. steigt der Gewinn.

- *Zuschreibungen* erfolgen (besonders wenn von der Wahrnehmung von Wertaufholungsmöglichkeiten, auch für Vermögen außerhalb des Finanzanlagevermögens, Gebrauch gemacht wird wie z. B. bei dubiosen Forderungen). Wirkung: Gewinn steigt.

- in die *Herstellkosten* auch Vertriebs- und Verwaltungskosten einbezogen werden (Lagerbestände werden buchhalterisch mehr wert). Wirkung: Gewinn steigt – wenn auf Lager produziert wird.

- bei der Bewertung der Vorräte von der Last-in-first-out-Methode zur Durchschnittsmethode übergegangen wird (bei steigenden Preisen werden damit buchhalterisch nicht die *neuen* (teueren) Vorräte verbraucht, sondern die Vorräte zum *billigeren* Durchschnittspreis). Wirkung: Gewinn steigt.

Änderungen im *Bereich der Methoden* liegen dann vor, wenn z. B.

- *geringwertige Wirtschaftsgüter* aktiviert werden (normalerweise werden diese sofort abgeschrieben). Wirkung: Gewinn steigt.

- die *Halbjahresregel* nicht in Anspruch genommen wird (normalerweise wird ein im ersten Halbjahr gekauftes Gut mit der vollen Jahresabschreibung, ein im zweiten Halbjahr gekauftes mit der halben Jahresabschreibung belastet. Alternativ kann man Abschreibungen für die tatsächliche Nutzungszeit im ersten Jahr rechnen, also geringer „pro rata temporis" abschreiben). Wirkung: Gewinn steigt

- besonders *hohe Sonderabschreibungen* geltend gemacht werden. Wirkung: Gewinn sinkt

Vielleicht ist es schon deutlich geworden: Die Bewertung der Läger – sei es das Rohstofflager, seien es die unfertigen und fertigen Produkte, ist ein sensibler Posten. Daher noch einmal zusammenfassend:

Bei der Lagerbewertung sollte man prüfen, ob

1. der Fertigstellungsgrad bedeutender „unfertiger Erzeugnisse" viel-

leicht übertrieben wird (wie *fertig* ist eine im Bau befindliche Reihenhaussiedlung?). Wirkung: Gewinn steigt.

2. Ladenhüter auch als solche bewertet sind. Wirkung: Wenn zu hoch bewertet, ist auch der Gewinn zu hoch.

3. die gebotenen Abschreibungen auf Roh-, Hilfs- und Betriebsstoffe vorgenommen werden (z. B. bei Verfall von Rohstoffpreisen). Wirkung ansonsten: Gewinn zu hoch.

Die folgende Tabelle gibt einen Überblick über die Bilanzierungsgewohnheiten deutscher Konzerne. Es ist anzunehmen, daß bei kleineren Unternehmen der Anteil *progressiv*, d. h. nicht allzu vorsichtig bilanzierender Unternehmen, eher größer ist.

Prozent	Bilanzstrategie
27,0	ausschließlich konservativ
3,5	konservativ überwiegt eindeutig
10,0	konservativ überwiegt
26,0	nicht eindeutig
14,0	progressiv überwiegt
3,0	progressiv überwiegt eindeutig
16,5	ausschließlich progressiv

Quelle: Küting, K., in: Capital 10/1996, S. 38. Die Tabelle bezieht sich auf die Abschlüsse für 1994/95 bzw. 1995 von 200 Konzernen.

Tab. 3.11: Die Bilanzierungsphilosophie deutscher Großunternehmen

3.2.9 Wo liegt das Problem des deutschen Jahresabschlußrechts?

An sich liegt es – kaum zu glauben – am zentralen Vorsichtsprinzip und den daraus resultierenden Wahlmöglichkeiten: Dem Vorsichtsprinzip liegt zwar das scheinbar löbliche Bild eines Kaufmannes zugrunde, der sich – gegenüber sich selbst und gegenüber anderen – eher ärmer als reicher rechnen sollte, als er ist. Genau diese Vorschrift kann aber dazu verwandt werden, „Bilanzpolitik" zu betreiben. Speziell werden gerne sogenannte *Stille Reserven* gebildet; d. h. das Vermögen kleiner und Verbindlichkeiten größer ausgewiesen, als es angemessen ist. Ein vielleicht verständliches Vorgehen, spart man ja auch noch zusätzlich Steuern, da ein *klein* geschätztes Vermögen auch einen *kleinen* Gewinn impliziert. Dieser Verstoß gegen Richtigkeit und Klarheit führt dazu, daß der Abschluß kein *den tatsächlichen Verhältnissen entsprechendes Bild* mehr zeichnet.

Es kann aber nicht allein der Unternehmer dafür verantwortlich gemacht werden. Teilweise wird er vom Gesetzgeber fast dazu gezwungen, sein Vermögen zu klein auszuweisen: So werden z. B. Grundstücke mit dem Anschaffungswert bilanziert – auch wenn es der Preis von vor 100 Jahre ist. Ein großes Problem liegt bei den immateriellen Vermögensgütern: Patente z. B. können nur dann bilanziert werden, wenn man sie käuflich erworben hat, eigenes Knowhow findet sich in der Bilanz gar nicht wieder: Kündigt z. B. der führende Entwicklungsingenieur, passiert im Erfolgsausweis zunächst einmal gar nichts.

Die Problematik mit den Stillen Reserven wäre auch nicht so schlimm – man könnte sich als externer Interessent ja daran gewöhnen, daß die Unternehmen besser sind, als sie sich im Jahresabschluß präsentieren. Leider ist es jedoch so, daß wohl die Unternehmen, denen es gut geht, zwar über beträchtliche stille Reserven verfügen mögen, aber nicht die, denen es weniger gut geht. Zur Abschätzung wie hoch die stillen Reserven sind, bräuchte man also einen Anhaltspunkt, wie gut es dem Unternehmen „wirklich" geht. Und das ist nicht so einfach herauszubekommen.

> Daher sagt man pauschal: Gute Bilanzen sind noch besser als sie aussehen, schlechte Bilanzen hingegen noch schlechter. Anders ausgedrückt: Der intendierte Gläubigerschutz ist groß in guten Zeiten, aber klein in schlechten.

Pointiert heißt das:

1. das Vermögen (die Aktivseite) wird durch (teils vom Gesetzgeber erzwungene) Vernachlässigungen und Unterbewertungen ziemlich schlecht gemessen,
2. das Fremdkapital (Passivseite) wird (mit Ausnahme der Rückstellungen) sehr exakt gemessen,
3. *daher ist das Eigenkapital* (Passivseite) *als Residualgröße zum Fremdkapital genauso schlecht geschätzt wie das Vermögen!*

3.2.10 Was passiert in Zukunft? US-GAAP, IAS?

Die Bestrebungen der Europäischen Union, in Europa ein vergleichbares Jahresabschlußrecht zu implementieren, werden nur noch mäßig intensiv betrieben. Eine der Ursachen liegt darin, daß auf den Kapitalmärkten Bilanzen gefordert werden, die nicht mit den Bewertungsspielräumen, wie sie in deutschen Bilanzen auftreten, behaftet sind. Sie fordern eine ungeschminkte Bilanzierung, die ein möglichst objektives Bild über die *wahre* Situation abgibt, um den (potentiellen) *Aktionär* möglichst optimal zu informieren.[47]

Mittel- oder langfristig wird das Rennen entweder die Bilanzierung nach dem amerikanischen GAAP (Generally accepted Accounting Principles), oder nach den – auch sehr angelsächsisch orientierten – IAS (International Accounting Standards) machen.

Im Gegensatz zum deutschen Recht, das vom *Vorsichts- und Imparitätsprinzip* (vgl. S. 50) dominiert wird, kann man sagen, daß die angelsächsischen Rechnungslegungsvorschriften vom *Prinzip des true and fair view* geprägt sind.

Die *wesentlichen Unterschiede* zum deutschen Recht bestehen zum einen im Bereich der *Bewertung* – besonders was die operative Tätigkeit betrifft – und im Bereich der *Information*.

Bei der *Bewertung* unterscheidet sich der Wertansatz für das Sachanlagevermögen, das immaterielle Anlagevermögen und die Rückstellungen. Was die *Information* betrifft, wird zusätzlich eine Cash-flow- (bzw. Kapitalfluß-) Rechnung erstellt, werden ausführliche Berichte zu verschiedenen Unternehmensbereichen abgeliefert und besondere Vorkommnisse eingehend kommentiert.

Zu den Bewertungsunterschieden fünf wichtige Beispiele:

1. Bei **Unternehmenskäufen** wird meist ein Preis erzielt, der weit über dem Buchwert des Eigenkapitals liegt. Dieser *Mehrwert* heißt *Goodwill* und stellt den Preis für Kundentreue, qualifiziertes Personal, Standortvorteile etc. dar. Nach deutschem Recht ist dieser Goodwill beim Käufer entweder ergebnisneutral mit den Rücklagen zu verrechnen (und damit ohne Einfluß auf den Gewinn oder Verlust), oder über die Laufzeit abzuschreiben (dann ensteht ein – je nach Definition der Laufzeit – mehr oder weniger

---

47 Wobei der „Aktionär" oft eine international tätige Fondsgesellschaft ist.

großer Periodenaufwand, der den Gewinn schmälert). Das US-Recht hat kein Wahlrecht, sondern fordert die ergebnisbelastende Abschreibung des Goodwill, wobei die Abschreibung in Branchen, die schnellen Veränderungen unterliegen (z. B. EDV-Bereich) schneller, und in weniger dynamischen Branchen (z. B. Industriegüter) langsamer vonstatten gehen muß. Die Behandlung des Goodwills ist also in den USA wahrscheinlich *marktnäher* gelöst als bei uns.

2. Bei der **Bewertung von Gegenständen des Anlagevermögens** sind die aus diesen Gegenständen strömenden Einzahlungsüberschüsse relevant. Ist der Buchwert höher als die Summe der Einzahlungsüberschüsse, muß nach US-GAAP eine außerplanmäßige Abschreibung stattfinden. Diese Idee der *Orientierung an künftigen Zahlungsströmen* ist dem deutschen Recht weitgehend unbekannt.

Wertpapiere im Anlagevermögen sind nach deutschem Recht mit den Anschaffungskosten oder dem Marktwert (letzteres jedoch nur, wenn der Marktwert *unter* den Anschaffungskosten liegt) zu bilanzieren. Das US-Recht fordert die Bilanzierung nach Marktwerten, auch wenn diese höher als die Buchwerte sind.

3. Die Zahlungsstromidee zeigt sich auch beim **Leasing**: So kann es sich bei einem traditionellen Leasinggeschäft für den Leasingnehmer bei den Leasingraten nach deutschem Recht um reinen Aufwand handeln. Nach US-GAAP ist jedoch der Leasinggegenstand beim Leasingnehmer mit dem Barwert der Leasingzahlungen zu bilanzieren. Als Aufwand darf hier eine *Abschreibung* geltend gemacht werden. Zusätzlich wird die Leasingrate in einen Zins- und einen Tilgungsteil separiert, wobei der Zinsteil ebenfalls als Aufwand geltend gemacht wird. Der Unterschied besteht also in Leasingrate einerseits (deutsches Recht) und Abschreibung und Zinsanteil andererseits (US-GAAP).

4. Bei der **langfristigen Auftragsfertigung** ist eine Gewinnrealisierung nach deutschem Recht erst dann möglich, wenn der Gefahrenübergang erfolgt ist, also der Auftrag abgenommen worden ist. Das US-GAAP-Recht stellt dem die *Percentage-of-completion-Methode* gegenüber; dabei wird der zu erwartende Gewinn entsprechend dem Grad der Fertigstellung über die Perioden verteilt. Während in Deutschland der Gewinn *auf einmal* und damit ent-

sprechend hoch bei Abschluß anfällt, findet hingegen in den USA eine Gewinnglättung statt.

5. **Verlustvorträge** werden nach US-Recht als zukünftiger Vorteil gesehen. Dazu muß man sich zwei sonst identische Unternehmen vorstellen, von denen das eine (A) einen Verlustvortrag hat, das andere (B) nicht. Fällt in Zukunft Gewinn an, muß B diesen sofort versteuern, während A solange keine Steuern zahlt, bis der Gewinn den Verlustvortrag übersteigt. Das ist ein Vorteil für A. Das deutsche Recht kennt diese Denkweise nicht.

Weitere Unterschiede, die ins Gewicht fallen können, bestehen bei
- der Pauschalwertberichtigung von Forderungen,
- der Bestimmung des Aufwandes bei Pensionsrückstellungen,
- der Erfassung unrealisierter Gewinne aus Währungsumrechnungen und Währungssicherungsgeschäften,
- der Bewertung von Vorräten und
- der Bewertung von Minderheitsanteilen.

Bereits Ende 1996 hatten rd. ein Dutzend der 30 im deutschen Börsenindex DAX notierten Unternehmen eine Rechnungslegung nach GAAP oder IAS. Wer mit so etwas noch wartet wie z. B. die Siemens AG, begnügt sich mit einer „angelsächsischen" Interpretation des deutschen HGB-Rechtes oder stellt, wie z. B. Daimler Benz bis 1995, zwar keine komplette Rechnung nach angelsächsischen Recht auf, leitet aber den HGB-Abschluß in einen GAAP- oder IAS-Abschluß über.

In absehbarer Zukunft werden die deutschen Behörden wahrscheinlich auf einen HGB-Abschluß verzichten, wenn ein Abschluß nach GAAP oder IAS vorgelegt wird. Das wird zunächst zu einer Parallelität von HGB- und GAAP- bzw. IAS-Bilanzierung in Deutschland führen. Dem Vorbild der Konzerne werden mit entsprechender Verzögerung wohl auch die mittleren und kleinen Unternehmen folgen.

3.3 Erfolg Nr. 2: Wie rentabel ist ein Unternehmen?

Investoren sind selten an einem *absoluten* Gewinn interessiert
(Jahresüberschuß 1 Mio. DM), sie sind interessiert daran, mit wel-
chem Einsatz der *Gewinn* erzielt wurde, sprich: welche Rendite
oder Verzinsung ihr Geld verdient hat. So ist man es z. B. von fest-
verzinslichen Wertpapieren gewöhnt (8% Rendite). Ein erster
Schritt zu einer besseren Erfolgsmessung ist die Berechnung von
Renditen. Nicht umsonst wendet auch das BAV (vgl. S. 57) diese
Methode an.

Renditen – berechnet mit aktuellen Zahlen – sind klassische *Erfolgsgrößen*. Als Ziele vorgegeben, sind es Unternehmens- und Be-
reichs-*Steuergrößen*.[48]

Wie lautet die Rendite für die Eigentümer aus der Bilanzsicht? Für
sie verbleibt – als Residualgröße – der Jahresüberschuß. Davon wird
ein Teil (der Bilanzgewinn) ausgeschüttet (als *Dividende, Gesellschafterausschüttung* oder *Privatentnahme*). Der andere Teil bleibt
im Unternehmen und macht es reicher (*Gewinnrücklage*). Daher
zählt man den gesamten Jahresüberschuß als *Rückfluß* an die Eigentümer – ein Teil kommt bar an, ein andere Teil ist in der Wertsteigerung des Unternehmens „versteckt". Wofür ist das die Entlohnung?
Für das von den Eigentümern eingesetzte Geld – also das Eigenkapital.

Die Eigenkapitalrendite lautet daher:

$$\text{Eigenkapitalrendite} = \frac{\text{Jahresüberschuß}}{\text{Eigenkapital}}$$

Die Eigenkapitalrendite der Scholz-Grauguß AG beträgt also:

$$\text{Eigenkapitalrendite} = \frac{120}{1\,570} = 26{,}8\%$$

Zum Vergleich eine Darstellung internationaler Eigenkapitalrenditen:

---

48 „Klassisch" deshalb, weil Buchhaltungsdaten ihre Basis darstellen. Und
darin liegt auch eines ihrer Hauptprobleme.

Land	Eigenkapitalrendite nach Steuern
Deutschland	5,2%
USA	knapp 19%
GB	21,2%
Schweiz	17,5%
Frankreich	0,1%[1]

Quelle: Süddeutsche Zeitung vom 27. 2. 1997
[1] In Frankreich haben v. a. die großen Staatskonzerne hohe Verluste

Tab. 3.12: Durchschnittliche Eigenkapitalrenditen in Industriestaaten

Diesem „Ist"-Zustand sollte noch der „Wunsch"-Zustand gegenübergestellt werden:

In der deutschen Industrie werden Eigenkapitalzielrenditen in der Größenordnung von 15% (nach Steuern, also als JÜ/EK berechnet) bis 20% (vor Steuern, also als (JÜ + Ertragssteuern) : EK berechnet) als anstrebenswerte Zielmarken genannt.

Ein Warnhinweis:

Bei allen *Renditen,* die man in der Presse liest, muß man sich vergewissern, wie sie im Detail berechnet wurden – vor allem wenn man verschiedene Quellen vergleicht! Wieder gibt es keine präzise *Normierung* in der Betriebswirtschaft.

Will man eher eine Gesamtschau über die Rentabilität des Unternehmens, muß man berechnen, wie sich das *insgesamt* im Unternehmen eingesetzte Kapital verzinst hat. Die Fremdkapitalgeber haben für ihr Geld Zinsen bekommen, die Eigenkapitalgeber den Jahresüberschuß. Das Gesamtkapital ist die Summe von Eigen- und Fremdkapital oder kurz: die Bilanzsumme.

Damit berechnet sich die Gesamtkapitalrendite als:

$$\text{Gesamtkapitalkredite (GKR)} = \frac{\text{Jahresüberschuß} + \text{Fremdkapitalzinsen}}{\text{Gesamtkapital}}$$

Die Gesamtkapitalrendite der Scholz-Grauguß AG beträgt z. B. damit:

$$\text{Gesamtkapitalkredite} = \frac{120 + 90}{4\,000} = 5,25\%$$

Bitte beachten: Im Zähler steht die Gesamtentlohnung für Eigen- und Fremdkapitalgeber, daher werden zum Jahresüberschuß die gezahlten Fremdkapitalzinsen hinzuaddiert.

Will man diese Rendite – wie man es bei der Renditeangabe eines festverzinslichen Wertpapiers gewöhnt ist – *vor* Steuern haben, muß man die Steuern auch noch im Zähler hinzuaddieren. Die Größe heißt dann ROI oder manchmal auch *Bruttorendite*:[49]

$$\text{ROI}_1 \text{ bzw. Bruttorendite} = \frac{\text{Jahresüberschuß} + \text{Fremdkapitalzinsen} + \text{Steuern}}{\text{Gesamtkapital}}$$

Für die Bruttorendite der Scholz-Grauguß AG gilt damit:

$$\text{Bruttorendite} = \frac{120 + 90 + 150}{4\,000} = 9\%$$

Zielgröße:
Deutsche Vorstände sprechen von *Ziel-Bruttorenditen* in der Größenordnung von 10 – 15%.

Zu internen Steuerungszwecken bereinigt man den ROI um die *außergewöhnlichen Dinge* und setzt dann das so ermittelte eigentliche *operative Ergebnis* ins Verhältnis zum eingesetzten Kapital:

$$\text{ROI}_2 = \frac{\text{Jahresüberschuß} + \text{Fremdkapitalzinsen} + \text{Steuern} + \text{ao. Aufwendungen} - \text{ao. Erträge}}{\text{Gesamtkapital}}$$

$$= \frac{\text{operatives Ergebnis}}{\text{Gesamtkapital}}$$

Für die Scholz-Grauguß AG ergibt sich – wenn man die Erträge aus der Auflösung von Rückstellungen wie auch die Abschreibungen auf Finanzanlagen als *außerordentlich* betrachtet:

$$\text{ROI} = \frac{120 + 90 + 150 + 30 - 20}{4000} = 9,25\%$$

---

49 Für den ROI gilt wie für die anderen *Renditen*, daß er oft unterschiedlich berechnet wird.

Ein beliebtes Vorgehen ist es, diese Größe ein wenig anders darzustellen. Dann erlauben sich auf einfachem Weg weitere Schlußfolgerungen über die Art, wie das Unternehmen sein Geld verdient. Dazu formt man den Ausdruck ein bißchen um:

$$\text{ROI} = \frac{\text{operatives Ergebnis}}{\text{Umsatz}} \cdot \frac{\text{Umsatz}}{\text{Gesamtkapital}}$$

$$= \text{„Umsatzrendite"} \cdot \text{„Kapitalumschlag"}$$

D.h. der ROI setzt sich aus zwei Faktoren zusammen: Der erste Faktor ist die sog. *Umsatzrendite*, der zweite Faktor der *Kapitalumschlag*.

Wiederum am Beispiel der Scholz-Grauguß AG:

$$\text{ROI} = \frac{370}{5\,000} \cdot \frac{5\,000}{4\,000} = 7,4\% \cdot 1,25 = 9,25\%$$

Die Umsatzrendite beträgt bei der Beispielfirma also 7,4%, der Kapitalumschlag 1,25. Überraschend ist, daß zwar die Umsatzrendite eine oft beschriebene und diskutierte Größe ist, vom Kapitalumschlag aber so gut wie nie gesprochen wird. Daher fungiert wohl die Umsatzrendite oft als Steuergröße – der Kapitalumschlag jedoch (leider) nicht!

So war beispielsweise bei der Siemens AG lange Zeit die Umsatzrendite die zentrale Steuergröße. Bei der VW AG ist eine mittelfristige Mindestumsatzrendite von 6–8% erklärtes Ziel und bei Rolls-Royce ist gar eine Steigerung der Umsatzrendite von 8% auf 15% anvisiert.[50]

Die obige Formel soll verdeutlichen, daß ein bestimmter ROI mit verschiedenen Kombinationen von Umsatzrendite und Kapitalumschlag möglich ist:

---

50 Vgl. Interview in der SZ mit dem Chris Woodwark, CEO von Rolls-Royce Motor Cars Ltd, Süddeutsche Zeitung, 1997, Nr. 21, S. 28.

Iso-Rendite-Kurve
(= Punkte gleicher Kapitalrendite)

Eine bestimmte Gesamtkapitalrendite (ROI) ist durch unterschiedlichste Kombinationen von Umsatzrendite und Kapitalumschlag erzielbar.

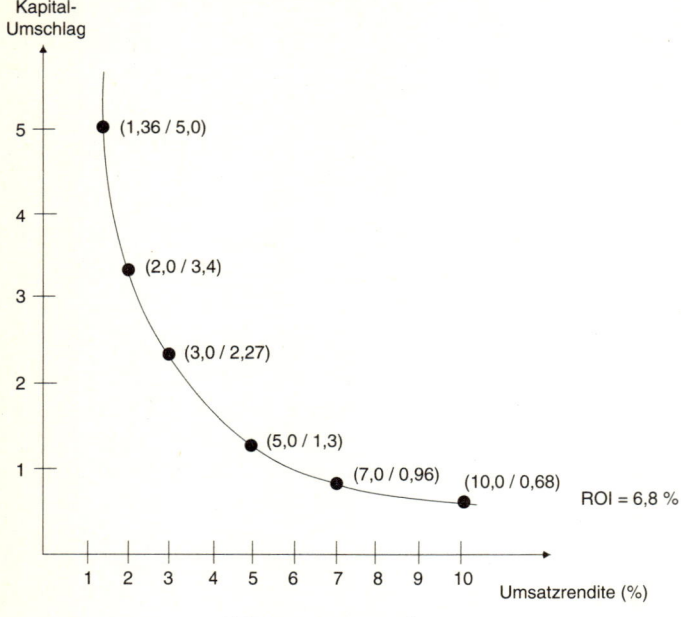

Abb. 3.6: „Iso-Rendite-Kurve"

Will man noch genauer wissen, wie der ROI zustandekommt, kann man Kapitalumschlag und Umsatzrendite sehr anschaulich weiter auffächern.[51] Der *Steuerungsaspekt* kommt dadurch zustande, daß man sich überlegt, wieviel Aufwand es erfordert, an einer Größe „rechts" etwas zu ändern und welchen Einfluß das dann auf den ROI hat.

---

51 Zum ersten Mal systematisch zur Unternehmenssteuerung angewandt wurde dieses Verfahren bei der Firma Du Pont, daher der Name Du Pont-Schema.

Du-Pont-Kennzahlensystem

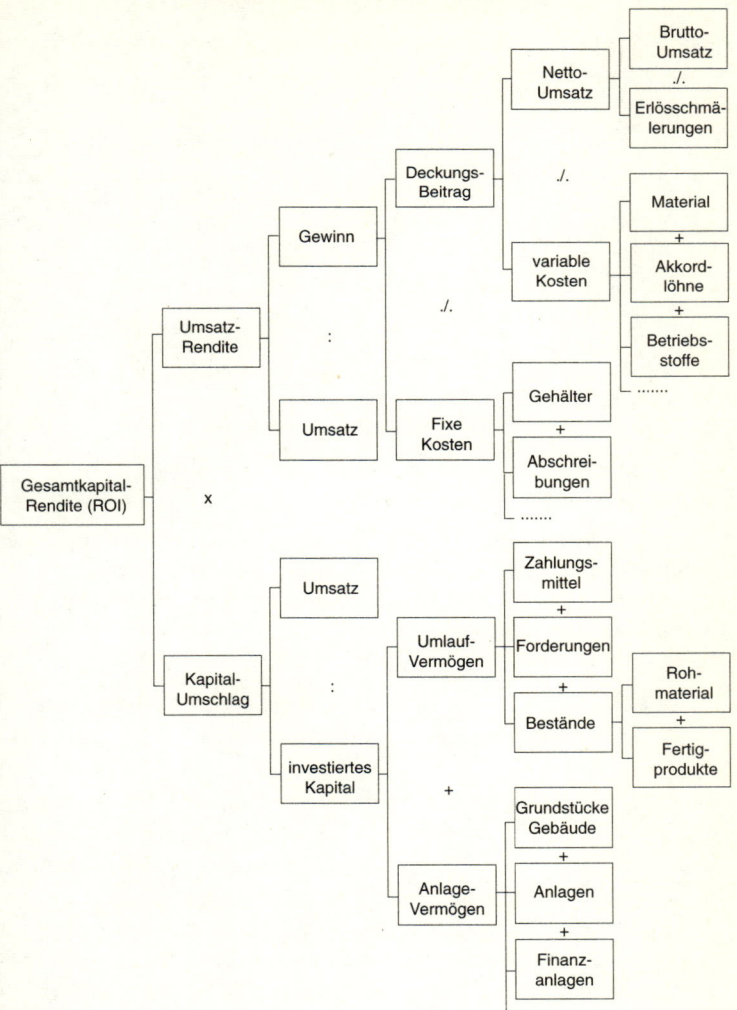

Abb. 3.7: Du-Pont-Schema

Die folgenden Tabellen sollen einen Eindruck für die Größenordnung der Umsatzrenditen, wie sie in Deutschland erzielt werden,
vermitteln:

Umsatzrenditen in Deutschland von 1986–1996										
86	87	88	89	90	91	92	93	94	95	96[1]
2,7	2,4	3,4	3,0	3,0	2,6	1,4	-0,1	1,3	1,6	0,7

[1] 96 Schätzung
Umsatzrendite als Jahresüberschuß vor Steuern in % des Umsatzes[52]

Tab. 3.13: Umsatzrenditen der deutschen Industrie

Zielgröße:
In produzierenden Gewerbe werden Brutto-Umsatzrenditen (JÜ vor
Steuern : Umsatz) in der Größenordnung von 6 – 8% angestrebt (aber sel-
ten erreicht).

Typischerweise haben Handelshäuser einen hohen Kapitalum-
schlag und eine niedrige Umsatzrendite, während produzierende
Unternehmen tendenziell höhere Umsatzrenditen und niedrigere
Kapitalumschläge haben.

3.4 Erfolg Nr. 3: Die interne Unternehmenssteuerung nach dem „Betriebsergebnis"

Selbstredend weiß die Unternehmensführung von der Bilanzpolitik. Daher – und aufgrund der für Steuerungsfunktionen teilweise un-
geeigneten HGB- und EStG-Bestimmungen – eignen sich die Jahresabschlußzahlen i.d.R. nicht zur Steuerung des Unternehmens; eben-
sowenig wie ein falscher Kompaß für ein Schiff. Aus diesem Grund
berechnen die Unternehmen ein internes Ergebnis, das sie *Betriebsergebnis* nennen. Dieses Betriebsergebnis ist der Versuch, den „ech-
ten" ökonomischen Erfolg zu messen. Heute berechnen nicht mehr
alle Unternehmen ein Betriebsergebnis: So sind z. B. Daimler Benz
und Siemens davon abgekommen. Für Unternehmen dieser Größen-

---

52 Vgl. Ifo-Institut, zitiert nach der SZ vom 27. 11. 1996.

ordnungen darf man davon ausgehen, daß Differenzen zwischen ihrem HGB-Ergebnis und dem Betriebsergebnis in der Größenordnung von ein bis mehreren Mrd. DM nichts ungewöhnliches sind!

Bei der Berechnung des Betriebsergebnisses ist natürlich alles erlaubt, was betriebswirtschaftlich sinnvoll erscheint. So z. B. *richtige* Abschreibungen, *richtige* Belastungen bzw. Entlastungen für die Benutzung bzw. Zurverfügungstellung betrieblicher Ressourcen und damit auch *richtige* interne Verrechnungspreise, *richtige* Bewertung von Rückstellungen, Verrechnung von Eigenkapitalkosten etc.

Problem: Die meisten Führungskräfte, die mit einem Betriebsergebnis konfrontiert werden wissen nicht, wie dies zustande gekommen ist – die Berechnung erfolgt auch intern nach „geheimen", zumindest nicht offengelegten Kriterien. Entsprechend gering ist die Akzeptanz. Andererseits sind diejenigen, zu deren Information eigentlich der veröffentlichte Jahresabschluß dienen sollte, interessiert am *geheimen, richtigen Ergebnis*, das dann auch manchmal durch Indiskretion nach außen dringt. Meist wird die Korrektheit sofort vom Unternehmen heftig bestritten.

Was man als Externer (und Interner) tun kann, ist eine Rückrechnung und Entzerrung der Zahlen des Jahresabschlusses. Ziel ist es, ein von außen geschätztes Betriebsergebnis, einen Cash-flow und eine *Kapitalflußrechnung* zu erstellen. Letztlich ist alles ein Versuch, aus den Bilanz- und G&V-Zahlen mehr über die Aktivitäten des Unternehmens herauszubekommen.

Hier nun ein Beispiel, wie ein Banker das „Betriebsergebnis" der Scholz-Grauguß AG ausrechnen würde.

Betriebsergebnis Scholz-Grauguß AG	02	01
Umsatzerlöse	5 000	5 500
– Herstellungskosten der zur Erzielung der Umsatzerlöse erbrachten Leistungen	4 000	4 480
– Vertriebskosten	280	300
– Verwaltungskosten	520	550
– Zinsen und ähnliche Aufwendungen	90	80
= „Betriebsergebnis"	110	90

Tab. 3.14: Externe Schätzung des „Betriebsergebnisses" (vor Steuern) auf Basis von Jahresabschlußdaten für Scholz Grauguß AG

Insbesondere für Geldgeber, d. h. z. B. für Banken ist es interessant, was mit dem *eigentlichen* Betrieb erwirtschaftet werden kann.

Eine pragmatische Methode besteht darin, die einzelnen Positionen der G&V daraufhin zu untersuchen, ob sie *eigentliches* Geschäft oder durch zusätzliche Tätigkeiten bedingt sind. In unserem Beispiel wurde z. B. entschieden – vorbehaltlich möglicher Einwendungen der Geschäftsführung – alles, was unter die Posten *sonstige betriebliche Erträge, Erträge aus Wertpapieren und Ausleihungen* und die *Abschreibungen auf Finanzanlagen und andere Wertpapiere des Umlaufvermögens* fällt, als „nicht betrieblich" zu betrachten und daher außen vor zu lassen.

3.5 Erfolg Nr. 4: Der Cash-flow: Eine aus dem Jahresabschluß abgeleitete Erfolgsziffer

Vorwiegend Aktienanalysten haben dem Cash-flow zu der großen Bedeutung verholfen, die er mittlerweile genießt. Wohlwissend, daß die Jahresabschlußzahlen aufgrund von Verzerrungen auf der Aufwands- Ertragsebene mit Vorsicht zu genießen sind, haben sie nach einer Möglichkeit gesucht, *bessere* oder zumindest *aussagekräftigere* Zahlen zu bekommen. Die Idee war, auf eine reine Zahlungsebene (Einzahlungen und Auszahlungen) zurückzugehen: Hier kann nicht geschummelt werden, hier hat man die *reinen* Geldvorgänge.

> Da jedoch die Darstellung der Zahlungsebene weder Pflichtbestandteil des Jahresabschlusses, noch offiziell geregelt ist, wird versucht, von der *offiziellen* Aufwands- und Ertragsebene auf die Zahlungsebene *zurückzurechnen*. Achtung: Je nach dabei getriebenem Aufwand und je nach Analyseziel ergeben sich verschiedene *Cash-flows*. Wenn also vom Cash-flow die Rede ist, muß man sich angewöhnen, zu fragen, welcher Cash-flow gemeint ist!

In diesem Kapitel wird gezeigt, wie zunächst unter dem Begriff *Cash-flow* Teilaspekte der betrieblichen Tätigkeit durch Cash-flow-Ziffern beleuchtet und hervorgehoben werden. Diese Teilansichten werden schließlich am Ende des Kapitels in der sogenannten *Kapitalflußrechnung* zu einer Gesamtschau aggregiert.

3.5.1 Die drei Ideen des Cash-flow

Der CF als unverzerrte Erfolgsgröße

Der Cash-flow soll eine *Erfolgsgröße* sein, die weniger verzerrt wie der bilanzielle Jahresüberschuß ist. Daher *korrigiert* man den Jahresüberschuß um zwei wesentliche Positionen, in denen bei Erstellung der Bilanz besonders großer Bewertungsspielraum ist; das sind *Abschreibungen und Rückstellungen.*

So ergibt sich die folgende sehr gebräuchliche Schätzung für den Cash-flow:

Jahresüberschuß
+ Abschreibungen
+ Veränderung der Rückstellungen

= Cash-flow (i.S. einer Grobvariante)

Tab. 3.15: Die „Grobvariante" des Cash-flow

Der Cash-flow der Scholz-Grauguß AG

Position	DM	Information aus
I. Jahresüberschuß	120	G & V
II. + Abschreibungen Sachanlagen	500	Anlagespiegel
+ Abschreibungen Finanzanlagen	30	G & V
+ Zuführung Rückstellungen	150	Bilanz
	20	G & V
= Cash-flow	820	

Tab. 3.16: Die „Grobvariante" des Cash-flow am Beispiel der Scholz-Grauguß AG

Man sieht, daß man sich von der Größe Jahresüberschuß (berechnet als Ertrag abzüglich Aufwand) hin zu *einer mehr zahlungsorientierten Erfolgsgröße* (Cash-flow in der Grobvariante) bewegt hat. Dieser Weg zur Zahlungsorientiertheit wird in der folgenden, weitaus präziseren Betrachtung, noch verstärkt:

Der CF als Maßstab für den Innenfinanzierungsspielraum

Der Cash-flow soll den *Innenfinanzierungsspielraum* widerspiegeln. Dazu wird untersucht, ob ein Einzahlungsüberschuß besteht, d. h. die Summe der Einzahlungen größer ist als die Summe der Auszahlungen. Wichtig ist dabei, daß man nur die Zahlungen aus der *normalen betrieblichen Tätigkeit* betrachtet. Diesen Cash-flow bezeichnet man als *Cash-flow der betrieblichen Nettoeinzahlungen*.

Er erfaßt explizit und absichtlich nicht folgende Positionen:

- Geld, das für Investitionen (auch betriebstypische) ausgegeben wird,
- Aufnahmen neuer Kredite oder Rückzahlungen alter Kredite (berücksichtigt werden aber die Zinszahlungen für Kredite),
- Kapitalerhöhungen (also Aufnahme von neuem Eigenkapital) sowie
- die Zahlungen an Eigenkapitalgeber (d. h. Dividenden u.ä.).

Wozu dient ein so berechneter Cash-flow?

Er zeigt, wieviel Geld für Investitionen, zur Tilgung von Schulden oder für Ausschüttungen an die Eigentümer potentiell zur Verfügung stand. Natürlich können Investitionen z. B. auch durch neue Bankkredite finanziert werden. Hier interessiert aber, was aus der eigentlichen Betriebstätigkeit für ein Spielraum gegeben ist!

Prinzipiell ist es nicht so schwierig, von der Erfolgsebene *Jahresüberschuß* auf die Zahlungsebene zu schließen. Im Prinzip gilt es nur vier Positionen zu beachten:

Jahresüberschuß
+ (I)   Aufwendungen, die keine Auszahlungen sind
- (II)   Erträge, die keine Einzahlungen sind
+ (III) Einzahlungen aus der laufenden Betriebstätigkeit, die nicht Ertrag der Periode sind
- (IV)   Auszahlungen aus laufender Betriebstätigkeit, die nicht Aufwand der Periode sind

= Cash-flow (i.S. von operativer Tätigkeit)

Tab. 3.17: Vom Jahresüberschuß zum „genauen" Cash-flow: Prinzip

Diese Rechnung scheint im ersten Augenschein leicht zu sein – die Schwierigkeiten treten im Detail auf. Drukarczyk gibt einen Überblick, welche Positionen im Detail darunter zu verstehen sind:

I.   Jahresüberschuß

II. + Aufwendungen, die nicht Auszahlungen der Periode sind
     (1) Abschreibungen, Wertberichtigungen
     (2) Zuführungen zu Rückstellungen
          – für Personen
          – für andere Zwecke

(3) Verminderung der Bestände an RHB-Stoffen
(4) Abschreibungen auf Bestände an Halb- und Fertigfabrikaten
(5) Einstellung in die Pauschalwertberichtigungen zu Forderungen
(6) Einstellung in Sonderposten mit Rücklagenanteil
(7) Verluste aus dem Abgang von Gegenständen der AV und UV
(8) Verminderung der Rechnungsabgrenzungsposten der Aktivseite
(9) Verminderung geleisteter Anzahlungen
(10) Erhöhung des Bestandes an Verbindlichkeiten aus Lieferungen und Leistungen

III. + Einzahlungen, die nicht Ertrag sind
(1) Erhöhung des Bestandes an erhaltenen Anzahlungen
(2) Verminderung des Bestandes an Forderungen auf Lieferungen und Leistungen
(3) Erhöhung der Rechnungsabgrenzungsposten der Passivseite

IV. – Erträge, die nicht Einzahlungen sind
(1) Erhöhung der Bestände an Halb- und Fertigfabrikaten
(2) Erhöhung des Bestandes an Forderungen aus Lieferungen und Leistungen
(3) Zuschreibungen zu Gegenständen des AV und UV
(4) Erträge aus anderen aktivierten Eigenleistungen
(5) Erträge aus der Auflösung von Rückstellungen
(6) Erträge aus der Auflösung von Sonderposten mit Rücklagenanteil
(7) Erträge aus der Herabsetzung der Pauschalwertberichtigungen zu Forderungen
(8) Verminderung von in Vorperioden erhaltenen Anzahlungen
(9) Verminderung der Rechnungsabgrenzungsposten der Passivseite

V. – Auszahlungen, die nicht Aufwand sind
(1) Erhöhung der Bestände an RHB-Stoffen
(2) Erhöhung des Bestandes an geleisteten Anzahlungen
(3) Verminderung der Verbindlichkeiten aus Lieferungen und Leistungen
(4) Auszahlungen zu Lasten früher gebildeter Rückstellungen
(5) Erhöhung der Rechnungsabgrenzungsposten der Aktivseite
(6) Verminderung der Pauschalwertberichtigung zu Forderungen durch Inanspruchnahme

= Cash-flow i.S. der operativen Tätigkeit ohne Inanpruchnahme der Finanzmärkte und vor (geplanter) Ausschüttung

Tab. 3.18: Vom Jahresüberschuß zum „genauen" Cash-flow: Detail

Zu dieser Tabelle ist bestimmt ein Beispiel sinnvoll. Dazu wird wieder auf die Scholz-Grauguß AG Bezug genommen; Basis sind Bilanz (Seite 53), G&V (Seite 56) und die Zusatzinformationen aus dem Anlagespiegel nach der G&V (ebenfalls Seite 56).

Der Cash-flow aus „normaler Betriebstätigkeit" der Scholz-Grauguß AG		
Position	DM	Information aus
I. Jahresüberschuß	120	G & V
II. + Abschreibungen Sachanlagen	500	Anlagespiegel
+ Abschreibungen Finanzanlagen	30	G & V
+ Zuführung Rückstellungen	150	Bilanz
	20	G & V
III. + Erhöhung erhaltener Anzahlungen	40	Bilanz
IV. − Erhöhung von Forderungen aus Lieferung und Leistung	75	Bilanz
− Erträge aus Auflösung von Rückstellungen	20	G & V
V. − Erhöhung der RHB	170	Bilanz
− Erhöhung der geleist. Anzahlungen	5	Bilanz
− Verminderung der Verbindlichkeiten aus Lieferung und Leistung	200	Bilanz
= Cash-flow aus operativer Tätigkeit	390	

Tab. 3.19: Der Cash-flow aus „normaler Betriebstätigkeit" der Scholz-Grauguß AG

Ein Cash-flow sammelt sich – obwohl es der Name suggeriert – nicht auf einem Konto an. Was passiert dann mit ihm? Er wird verwendet – für die Dinge, die bei der Berechnung explizit ausgespart wurden, also Investitionen, Schuldentilgung und Ausschüttungen. Hier fließt natürlich auch jede Menge Geld – im wörtlichen Sinne handelt es sich auch um einen Cash-flow – nur nicht um den, der klassischerweise mit Cash-flow gemeint ist. Dieser Aspekt, der sehr deutlich zeigt, was Cash-flow eigentlich ist, zeigt sich glasklar in der sogenannten *Kapitalflußrechnung:*

**Der CF als diffenrenzierte Kassenzu- und -abflußbetrachtung:
Die Kapitalflußrechnung am Beispiel der Scholz-Grauguß AG**
Die Rechnung mit dem wenig sympathisch klingenden Namen Kapitalflußrechnung ist ein einprägsames, in sich geschlossenes

Cash-flow-System. Sinn ist es, die Quellen der Liquiditätsherkunft auszumachen, zu sehen, wie dieses Cash verwendet wurde und die entsprechenden Zahlen als Steuergrößen zu verwenden. Das Prinzip ist einfach:[53]

Ausgangspunkt ist der Bestand an liquiden Mitteln am Anfang des Jahres. Dann analysiert man, welche Aktionen diesen Mittelbestand erhöht haben und wofür Geld ausgegeben wurde. Das Ergebnis ist der Endbestand an liquiden Mitteln am Jahresende. Schematisch schaut das so aus:

Kapitalflußrechnung (Prinzip)

Zahlungsmittelbestand am Jahresanfang
+ Cash-flow aus operativer Tätigkeit (sollte stark positiv sein)
+ Cash-flow aus Investitionstätigkeit (meistens negativ, da neu investiert wird)
+ Cash-flow aus Finanzierungstätigkeit (meist positiv, da neues Geld aufgenommen wird)

= Zahlungsmittelbestand am Jahresende

Tab. 3.20: Die Kapitalflußrechnung: Prinzip

Dazu wieder ein Blick auf die Scholz-Grauguß AG:
Der Zahlungsmittelbestand am Anfang des Jahres 02 (= Ende des Jahres 01 in der Bilanz) beträgt 560 DM. Der Endbestand nach dem Jahr 02 beträgt 500 DM. Den Cash-flow aus operativer Tätigkeit beträgt – wie bereits ausgerechnet – 390 DM.

Damit fehlt noch der Cash-flow aus Investitionstätigkeit und aus Finanzierungstätigkeit.

Der *Cash-flow aus der Investitionstätigkeit* betrifft sowohl Sachanlagen (normale Investitionen), als auch Finanzinvestitionen. Aus der Bilanz ist ersichtlich, daß das Sachanlagevermögen von 1 700 DM auf 2 000 DM gestiegen ist. So scheinen im ersten Moment Investitionen von 300 DM getätigt worden zu sein. Es war aber mehr, da im gleichen Jahr das Sachanlagevermögen um 500 DM ab-

---

53 In den USA hat der Gesetzgeber die Wichtigkeit einer solchen Kapital-flußrechnung als Informationsbasis für die Kapitalgeber dadurch gewürdigt, daß er die Veröffentlichung eines *„Cash-flow-Statements"* im Jahresabschluß gesetzlich vorschreibt.

geschrieben wurde. Insgesamt müssen also an Investitionen 300 + 500, also 800 DM getätigt worden sein. Investitionen heißt Geldabfluß, also bekommt der Cash-flow ein negatives Vorzeichen! Die Finanzanlagen unterlagen einem Werteverzehr (z. B. durch Kursverfall von Aktien) von 30 DM, der sich in den Abschreibungen widerspiegelt. Insgesamt haben aber die Finanzanlagen in der Bilanz nur um 15 DM abgenommen; d. h. es müssen Neuinvestitionen (Cash-Abfluß!) in Höhe von 15 DM stattgefunden haben.

Insgesamt ergibt sich damit in diesem Jahr ein negativer Cash-flow aus der Investitionstätigkeit in Höhe von -800 DM -15 DM = –815 DM.

Es ist übrigens völlig normal, wenn bei einem wachsenden Unternehmen dieser Cash-flow negativ ist – Investitionen kosten nun einmal Geld!

Der *Cash-flow aus Finanzierungstätigkeit* schaut wie folgt aus: Zunächst einmal wurden im Laufe des Jahres die Dividenden für das Vorjahr gezahlt. Das kostete 50 DM; weil es ein Geldabfluß ist, wiederum mit negativem Vorzeichen, Cash-flow = -50 DM. Der Wertpapierbestand des Umlaufvermögens hat von 550 auf 175 DM abgenommen. Da im Umlaufvermögen dieser Posten nicht abgeschrieben wurde, kann es sich nur um Verkäufe dieser Wertpapiere handeln. Durch den Verkauf kamen 550 DM abzüglich 175 DM = +375 DM in die Kasse – also positives Vorzeichen! Schließlich wurden noch neue Kredite aufgenommen – die Verbindlichkeiten gegenüber Kreditinstituten wuchsen von 1 115 DM auf 1 155 DM. Dieses *frische* Geld bedeutet einen Kassenzufluß, also positives

Die Kapitalflußrechnung der Scholz-Grauguß AG	
Zahlungsmittelbestand am 1.1.01	+ 560
+ Cash-flow aus operativer Tätigkeit in 01 + Cash-flow aus Investitionstätigkeit in 01 + Cash-flow aus Finanzierungstätigkeit in 01	+ 390 - 815 + 365
= Zahlungsmittelbestand am 31.12.01	= 500

Tab. 3.21: Die Kapitalflußrechnung der Scholz-Grauguß AG

Vorzeichen: +40 DM. Insgesamt beträgt der Cash-flow aus Finanzierungstätigkeit damit -50 + 375 + 40 = + 365 DM. Das positive
Vorzeichen beim Cash-flow aus Finanzierungstätigkeit ist ebenfalls
normal – wozu bräuchte ein Unternehmen schon die Finanzmärkte, wenn es sich von dort unterm Strich kein Geld besorgen
könnte?

**Ein letztes Wort zum Begriffsdschungel: Was sind „Operating-
Cash-flow", „Netto-Cash-flow" und „Free-Cash-flow"?**
Ein Abschnitt über den Cash-flow ist nicht vollständig, wenn
nicht die Begriffe Operating-Cash-flow, Netto-Cash-flow und Free-
Cash-flow auftauchen. Um zu verstehen was damit gemeint ist, geht
man am besten von der Summe aller Einzahlungen aus. Zieht man
von dieser Größe die Auszahlungen ab, die das „normale" beriebli-
che Geschäft betreffen (also z. B. Löhne, Material etc.), zusätzlich
noch die Ersatzinvestitionen (Ersatz für Verschlissenes und Kaputt-
gegangenes) sowie betriebliche Steuerzahlungen, bleibt ein *Operating-Cash-flow* übrig. Vermindert man diese Größe um die Investitionen, die man für die Erweiterung des Geschäftes braucht, bleibt
ein Netto-Cash-flow[54]. Zahlt man dann noch die Zinsen an die
Fremdkapitalgeber, verbleibt der sog. *Free-Cash-flow*, eine Größe,
der vor allem im Bereich der Unternehmensbewertung große Bedeutung zukommt.
Die Abbildung 3.8 verdeutlicht diesen Zusammenhang noch einmal. Es gilt allerdings aufzupassen: Nur in wenigen Unternehmen
sind die betrieblichen Einzahlungen so groß, daß tatsächlich alle
genannten Auszahlungen getätigt werden können und am Schluß
ein positiver Free-Cash-flow übrigbleibt. Dies wird in der Regel nur
in gering oder gar nicht wachsenden Unternehmen der Fall sein. In
anderen Fällen ist die linke Säule *betriebliche Einzahlungen* um
die Einzahlungen, die von Kapitalgebern kommen (die also neues
Eigenkapital oder neues Fremdkapital zuführen), quasi zu *erhöhen*.

---

54 Hier heißt „netto" nicht nur nach Steuern, sondern v.a. nach Erweite-
rungsinvestitionen!

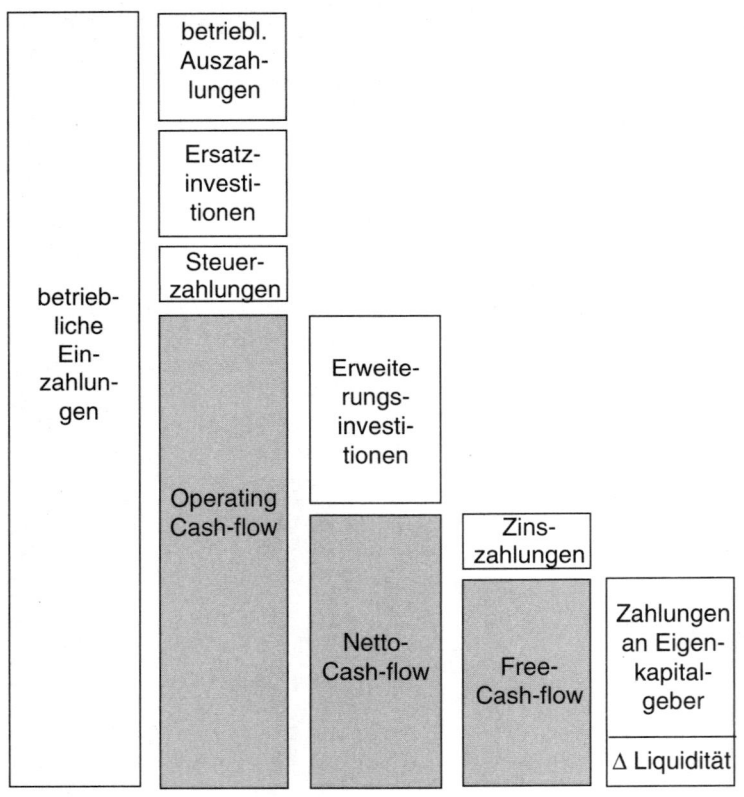

Abb. 3.8: Operating-, Netto- und Free-Cash-flow

3.5.2 Hängen bilanzieller Erfolg und Liquidität zusammen?

Prinzipiell sind Liquidität und buchhalterischer *Erfolg* unterschiedliche Dinge, die aber *mechanisch* zusammenhängen – wie
soeben im Cash-flow-Abschnitt gezeigt wurde. Es gibt jedoch noch
einen indirekten Zusammenhang:

Man argumentiert wie folgt: Wenn ein Unternehmen so wirtschaftet, daß
das Vermögen von Jahr zu Jahr größer wird, wird es auch in Zukunft zah-
lungsfähig sein. Das ist nicht unbedingt ganz trivial!

Folgendes kann sein:

Eine Maßnahme, die zu *Erfolg* oder positiven Vermögensdifferenzen geführt hat, kann tatsächlich jetzt schon zu einem Liquiditätszufluß geführt haben oder aber in Bälde führen. Beispiel: Einmal werden Dienstleistungen für 400,- DM pro Tag verkauft, die dem Unternehmen 300,- DM am Tag kosten. Erhält man das Geld in bar, fallen Erfolg und Liquidität zusammen. Zahlt der Empfänger der Leistung erst in einem halben Jahr, tritt in dem Moment, in dem die Leistung erbracht wurde, zwar der Erfolg ein, die Liquiditätswirkung ist aber momentan für Sie negativ (das Unternehmen, das die Dienstleistung erbringt, muß 300,- Mark zahlen), erst in einem halben Jahr kommt der positive Liquiditätseffekt von 400,- DM, wenn die Rechnung bezahlt wird.

Ein hohes Vermögen bedeutet auch im privaten Bereich nicht notwendigerweise ein volles Bankkonto. Bei Unternehmen besteht das Vermögen nur zu einem geringen Teil aus Bargeld oder schnell veräußerbaren Wertgegenständen. Der weitaus größte Teil ist *gebunden*. Hohe Vermögen können aber genutzt werden, Kapitalgeber dazu zu veranlassen, neues Geld in dieses Unternehmen zu investieren. Beispielsweise haben junge, stark wachsende Unternehmen selten viel Liquidität aus ihrem eigentlichen Geschäft. Sie müssen laufend so viele neue Investitionen in Anlagen oder neue Mitarbeiter tätigen, daß sie permanent *neues* Geld benötigen. Ihr bilanzieller Erfolg (→ Vermögensvergleich) führt aber dazu, daß

- Banken solchen Unternehmen Geld in Form von Krediten zukommen lassen (das Unternehmen nimmt *Fremdkapital* auf).
- – bei kleineren Unternehmen – neue Gesellschafter eintreten, die ebenfalls wieder neues Geld zur Verfügung stellen (dieses Kapital heißt *Eigenkapital*, weil es von den Eigentümern zur Verfügung gestellt wird).
- – bei größeren Unternehmen – Aktionäre neue Aktien dieses Unternehmens erwerben – wieder fließt dem Unternehmen Geld zu – (Aktionäre sind die Eigentümer des Unternehmens, daher handelt es sich wieder um *Eigenkapital*).

Also: (Bilanzieller) Erfolg stimmt Kapitalgeber positiv, sie stellen daher neues Kapital zur Verfügung – das erhöht die Liquidität!

Auch positiver Erfolg entbindet aber in keinster Weise von der kurz- und mittelfristigen Liquiditätsplanung mit Hilfe von Zahlungsprognosen. Darauf legen beispielsweise auch Banken größten Wert. Die Beachtung von Erfolg als Frühindikator und Liquidität als „Jetzt"-Indikator ist um so wichtiger, je weiter Erfolgs- und Zahlungswirkungen von Maßnahmen auseinanderklaffen.

Zusammenfassung: Erfolg als Liquiditätsfrühindikator

Hat ein Unternehmen Erfolg, so ist damit nicht automatisch die Zahlungsfähigkeit gewahrt, denn der Erfolg einer Maßnahme und die daraus resultierende Liquidität finden evtl. zu unterschiedlichen Zeitpunkten statt. Jedoch wird über den Erfolg eine Voraussetzung für Liquidität (evt. auch von außen z. B. durch Banken) gelegt. Dennoch bleibt die Notwendigkeit einer eigenständigen Liquiditätssteuerung neben der Erfolgssteuerung erhalten.

3.6 Erfolg Nr. 5: Shareholder Value, Unternehmenswertsteigerung und Aktionärsrendite

Was ist nun die große Kritik, die all diesen Kennzahlen vorgeworfen wird? Es ist einerseits das Kapital, das immer als Bezugsgröße verwendet wird – also der Nenner. Andererseits der Zähler, also die Rückflüsse. Warum?

Oben wurde festgestellt, daß das Eigenkapital, das mit in das Gesamtkapital eingeht, durch die Art der Bilanzierung falsch gemessen wird. Darüberhinaus hat der Jahresüberschuß wenig mit dem „ökonomischen" Rückfluß aus dem eingesetzten Kapital zu tun. Die Kritiker argumentieren nun wie folgt: Was ein Eigenkapitalgeber einsetzt ist das Geld, das er aufwendet, um eine Aktie zu kaufen. Was er erhält, ist (hoffentlich) eine Dividende und (ebenfalls hoffentlich) eine Kurssteigerung. Damit habe er – bezogen auf ein Jahr – die folgende Rendite:

Aktionärsrendite: $((Kurs_t - Kurs_{t-1}) + Dividende_t) : Kurs_{t-1}$

> Das tragische ist, daß die Kursveränderung kaum etwas mit der Eigenkapitalrendite – „traditionell" gemessen an Bilanzzahlen – zu tun hat! Das heißt aber nicht, daß „traditionell" berechnete Kennzahlen aussterben. Nach wie vor finden sie Beachtung – nur nicht mehr dasselbe Ausmaß wie früher.

Dazu ein Beispiel: Wie berechnet man die Rendite eines Eigenkapitalgebers der Allianz AG auf Basis von Marktwerten (=„echte" Rendite) und wie ist demgegenüber die bilanzielle Eigenkapitalrendite in den Jahren 1995 und 1996?

	1994	1995	1996
Gezeichnetes Kapital (DM)	1,129 Mrd.	1,131 Mrd.	1,147 Mrd.
→ Anzahl der Aktien (Stück)	207,7 Mio	225,9 Mio	229,6 Mio
Kurswert zum 31.12. (DM)	246	282	277
→ Marktwert der Allianz (EK)	51,1 Mrd.	63,7 Mrd.	63,6 Mrd.
Unternehmenswertsteigerung		**24,66%**	**- 0,16%**
Dividende (DM)	1,50	1,60	1,70
Dividendenrendite		0,65%	0,60%
Rendite aus Kursveränderung		14,63%	-1,77%
Gesamtrendite für Aktionär		**15,28%**	**-1,17%**
bilanzielle Eigenkapitalrendite	7,9%	**11,2%**	**11,5%**

Bem.: Die Angaben für 1994 dienen als Basisdaten für die Berechnung der Marktrenditen im Jahr 1995 und 1996. Alle Kurs- und Stückangaben sind auf Aktien zum Nennwert von 5 DM umgerechnet.

Tab. 3.22: Shareholder Value: Unternehmenswertsteigerung, Aktionärsrendite und buchhalterische Eigenkapitalrendite der Allianz AG

Drei typische Beobachtungen können auch bei der Allianz gemacht werden:

1. Die Dividendenrendite von Aktien ist gering – hier unter einem Prozent. Demgegenüber ist die Rendite aus Kursveränderungen in der Regel deutlich größer, aber – wie man sieht – auch großen Schwankungen unterworfen: 14,63% im Jahr 1995 stehen - 1,77% 1996 gegenüber. Insgesamt – also Kurs- und Dividendenrendite zusammen – hat ein Allianz-Aktionär von 1987 bis 1997 eine durchschnittliche jährliche Rendite von 12,4% empfangen.[55]

2. Die *Aktionärsrendite* unterscheidet sich von der „Unternehmenswertsteigerung", denn ein Teil der Wertsteigerung kommt daher, daß neue Aktionäre dem Unternehmen *frisches* Geld zur Verfügung gestellt haben. Dafür erhalten die Neuaktionäre aber einen

---

55 Geschäftsbericht für 1996, Umschlagseite

Anteil am Marktwert des Unternehmens, so daß die Rendite für die *Altaktionäre* kleiner ist, als die Unternehmenswertsteigerung. 3. Die bilanzielle (=buchhalterische) Eigenkapitalrendite unterscheidet sich deutlich sowohl von der Unternehmenswertsteigerung, als auch von der Gesamtrendite für den Aktionär.

Noch einmal zur Verdeutlichung: Shareholder-Value-Management oder Wertorientierte Unternehmensführung bedeutet die Maximierung der Aktionärsrendite, nicht der buchhalterischen Eigenkapitalrendite!

Aktien haben aus Sicht des sicherheitsbewußten deutschen Aktionärs vor allem ein Problem: Ihre starken Wertschwankungen. Daher macht es wenig Sinn, sich auf die Rendite einer Aktie zu konzentrieren. Aktionäre sollten immer ein Bündel (*Portfolio*) von Aktien halten – und das möglichst über längere Zeiträume. Die folgende Abbildung zeigt Ihnen, wie sich für einen durchschnittlichen Aktionär 10 000 DM, die er Anfang 1953 in deutsche Aktien investiert hat, entwickelt haben.

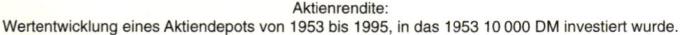
Aktienrendite:
Wertentwicklung eines Aktiendepots von 1953 bis 1995, in das 1953 10 000 DM investiert wurde.

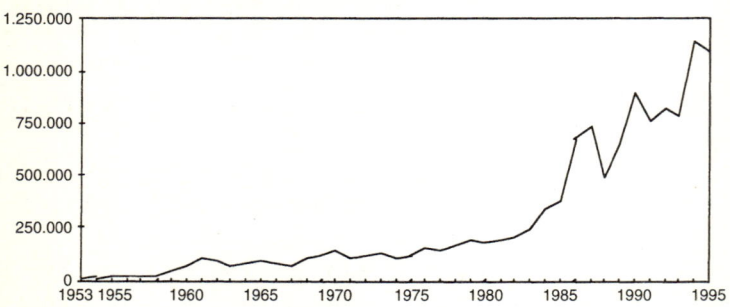

(Basis: Börse Frankfurt, marktwertgewichteter Index)
Quelle: Prof. Richard Stehle, Humboldt-Universität Berlin

Abb. 3.9: Shareholder Value: Wertentwicklung eines 10 000 DM-Depots von 1953 bis 1994

Ein Aktionär der 1953 10 000 DM in deutschen Aktien breit gestreut angelegt hat, verfügte Ende 1994 über ein Vermögen von

1 093 673 DM![56] Die *richtige* Durchschnittsrendite ist übrigens nicht der *einfache* Durchschnitt der Jahresrenditen (der beträgt 14,88%), sondern das sogenannte *geometrische Mittel* von 11,83%. Wer sein Geld damals in Bundeswertpapiere investierte, erhielt im Schnitt 6,4% und verfügt über ein Vermögen von 135 378 DM.[57]

Dieser Ausflug an den vielen Leuten suspekten Aktienmarkt soll eines klarmachen:

> Eigenkapitalgeber erhalten die Rendite, die Unternehmen tatsächlich ökonomisch *verdienen*: Kapitalrenditen wie die am Aktienmarkt sind in Mark und Pfennig realisierbar und damit *echt*, aus Bilanzzahlen berechnete Renditen sind *buchhalterisch* und nähern sich der Realität nur an.

Nichtsdestotrotz führen die Renditen, die Aktionären zufließen – zumindest in der Vergangenheit – zu großen Vermögen. Man beachte, wie sich ein auf den ersten Blick gar nicht so großer Unterschied von 5,43% (11,83% Aktienrendite minus 6,4% Anleihenrendite) über einen Zeitraum von 42 Jahren auswirkt: Die Endvermögen unterscheiden sich um mehr als den Faktor 8!

Eine Problematik darf jedoch nicht verschwiegen werden: Man ist wohl der Ansicht, daß die Bewertung an der Börse die bestmögliche ökonomische Wertung des Erfolges darstellt – man kennt jedoch das Verfahren, nach dem *der Markt* Aktien (und damit Unternehmen) bewertet, nicht sehr gut.

> Daher ist es schwierig, *echte* Shareholder-Value-Politik zu betreiben. Zwei vielversprechende Steuerungsansätze gibt es dennoch:
> 1. Für laufende Projekte die Steuerung nach dem Cash-flow-Return-on-Investment (CFROI) und für
> 2. Neuprojekte die Steuerung nach dem Kapitalwert.

Beide Verfahren werden hier noch vorgestellt werden.

---

56 Unterstellt wird die Reinvestition aller Erträge des Portefeuilles wieder in Aktien.

57 Auch die 6,4% sind ein geometrisches Mittel. Wie bei den Aktien wird von Steuern abgesehen. Eine Miteinbeziehung von Steueraspekten würde den Vorteil einer Aktienanlage noch vergrößern.

4. Die Sicherung von Erfolgen: Nach welchen Größen werden Unternehmen gesteuert?

Um es gleich vorwegzunehmen: Es gibt kein Konzept wie „Die 7 Unternehmenssteuerungsgrößen". Aber: Es gibt allgemein anerkannte Vorstellungen darüber, in welche Bereiche man hineinschauen muß, um *Meßgrößen* für den Erfolg daraus zu entwickeln – wie zu sehen war. Und genau diese Erfolgsmeßgrößen können auch als *Unternehmenssteuerungsgrößen* fungieren.

Nach außen formulieren Unternehmen ihre finanziellen Ziele *anhand einer sehr kleinen Zahl ausgewählter Indikatoren*: Typischerweise werden diese von der eigenen Vergangenheit, abzusehenden Trends und der (relativen) Stellung zur Konkurrenz bestimmt. Man beachte in der Tab. 4.1 die unterschiedlichen Formulierungen, die Unternehmen für die Nennung ihrer Ziele wählen. Im wesentlichen sind es – eher noch traditionell – Umsatzrenditen, Gesamtkapitalrenditen sowie Eigenkapitalrenditen. Kaum eine Gesellschaft wagt es, Zielrenditen für ihre Aktienkursperformance zu nennen, obgleich der *Shareholder Value* oft zitiert wird und eine zumindest *angemessene Verzinsung* des Aktionärskapitals angestrebt wird.

Jetzt soll jedoch mehr Gewicht auf die internen Meßlatten als auf die Bekenntnisse nach außen (die sowieso oft Lippenbekenntnisse bleiben!) gelegt werden: Es geht also nicht mehr wie im letzten Kapitel um die *Messung* von Erfolg, sondern um die *Steuerung* von Unternehmen, sodaß

- knappe Mittel *richtig* verteilt werden,
- Schieflagen frühzeitig erkannt werden.

In zwei Punkten unterscheiden sich *moderne* Steuerungsinstrumentarien von eher traditionellen:

- man achtet mehr darauf, was *ökonomisch-marktnah* „wirklich" passiert und nicht, was *buchhalterisch* gemessen wird,
- man legt mehr Wert auf die *Ursachen* für Erfolg/Mißerfolg – d. h. man versucht die Größen zu messen, von denen man erwartet, daß sie sich schließlich in finanziellen Größen niederschlagen.

Unternehmen	Zielvorgabe
Allianz	EK-Rendite soll von 11,2% (1996) auf mindestens 15% im Jahr 2000 steigen
BASF	Die GK-Rendite vor Ertragssteuern und vor Zinsen soll im Konjunkturzyklus 10% betragen
Commerzbank	Angestrebt ist eine EK-Rendite nach Steuern von 15%
Daimler Benz	Ziel-Kapitalrendite von mindestens 12%
Deutsche Bank	EK-Rendite vor Steuern bis 1999 von 25%
Henkel	Bis zum Jahr 2000 Nettoumsatzrendite von 4,5%. Das Ergebnis pro Aktie soll zweistellig wachsen.
Rolls-Royce	Umsatzrendite soll von 8 auf 15% steigen
RWE	Investitionsvorhaben sollen eine Rendite von 15% auf das eingesetzte Kapital erwirtschaften
Siemens	EK-Zielrendite von 15% bis zum Jahr 2000
Thyssen	Angestrebte mittelfristige EK-Rendite im Inland 15, im Ausland 20%
VW	Bruttoumsatzrendite bis 2000 von 8%

Bem.: EK = Eigenkapital, GK = Gesamtkapital

Tab. 4.1: Ökonomische Zielvorstellungen großer Unternehmen: Informationen aus Jahresabschlüssen und Pressemeldungen

Dieses Kapitel beschäftigt sich mit *finanziellen* Zielvorgaben. Leider ist nicht alles (seriös) berechenbar – vor allem nicht, was in der ferneren Zukunft passiert. Wie man damit umgeht wird in Kapitel 6 „Strategisches Management" gezeigt.

> Die obersten finanziellen Ziele sind eine Gesamtkapitalzielrendite und die Steigerung des Unternehmenswertes

4.1 Gesamtkapitalzielrendite

An der Spitze fast jedes modernen Steuersystems steht eine Zielrendite – i.d.R. eine modifizierte Form einer *Gesamtkapitalrendite*. Bei Siemens heißt diese Rendite z. B. RIV – Rentabilität des investierten Vermögens. Bei Daimler Benz heißt die entsprechende Größe ROCE – Return on Capital Employed.

Dahinter steht die Überlegung, daß das Unternehmen eine risikoadäquate Verzinsung des gesamten eingesetzten Kapitals leisten muß. Wenn diese nicht erreicht wird, muß man sich Gedanken machen, ob es nicht sinnvoller ist, alles zu verkaufen und den Erlös am Kapitalmarkt anzulegen, der im Schnitt dafür sorgt, daß man eine dem Risiko adäquate Verzinsung erzielt.

Während früher hier reine Bilanzzahlen *nach deutschen Recht standen, bemüht man sich jetzt, diese marktnäher* zu gestalten. So berechnen sich z. B. RIV und ROCE als:

$$RIV = \frac{\text{(modifiziertes) Handelsbilanzergebnis vor Steuern und Zinsen}}{\text{investiertes Vermögen (modifizierte Bilanzsumme)}}$$

$$ROCE = \frac{\text{Operating Profit (nach (US-GAAP)}}{\text{Capital employed (nach US-GAAP)}}$$

Der *Operating Profit* beinhaltet sowohl operatives Ergebnis als auch periodenspezifische Besonderheiten wie z. B. Grundstücksverkäufe. Der Operating Profit ist eine international anerkannte Größe zur Messung der wirtschaftlichen Leistungsfähigkeit. Das Capital employed ist eine *Bilanzsumme*, ohne die Finanzpositionen (wie Wertpapiere oder Finanzanlagen) und spezielle Steuerpositionen.

Der Hauptvorteil des *ROCE* dürfte *seine internationale Vergleichbarkeit* sein, die auf der Verwendung amerikanischen Bilanzierungsrechtes beruht; der Hauptvorteil des *RIV seine Ableitbarkeit aus dem deutschen Bilanzierungsrecht*, das vielen Betriebsinternen geläufig ist und das um „Marktkomponenten" ergänzt wurde.

4.2 Steigerung des Unternehmenswertes

Die Steigerung des Unternehmenswertes kann man an der Veränderung des Aktienkurses ablesen.[58]

Nachdem aber

• für viele Unternehmen gar keine Börsennotierung vorhanden ist (z. B. GmbHs),

---

58 Der Marktwert des Eigenkapitals kann auch durch eine Kapitalerhöhung – also die Aufnahme neuen Eigenkapitals durch Emission neuer Aktien – steigen. Diese Form der Unternehmenswertsteigerung ist hier jedoch nicht gemeint, da sie nicht automatisch die Vermögensposition der Altaktionäre verbessert.

- auch bei Aktiengesellschaften für Teilbereiche des Unternehmens keine Börsendaten verfügbar sind und
- die Börse zudem auch psychologischen Einflüssen unterliegt,

bemüht man sich zusätzlich um eine *objektive*, intern berechenbare Schätzung der Veränderung des Unternehmenswertes.

So eine Schätzung der Veränderung des Unternehmenswertes – also quasi ein Shareholder-Value auch für Nichtkapitalgesellschaften – kann wie folgt aussehen:

Veränderung des Unternehmenswertes = (Gesamtkapitalrendite – durchschnittliche Kapitalkosten) · investiertes Kapital

Dies ist relativ leicht zu interpretieren: Wenn die Gesamtkapitalrendite größer als die durchschnittlichen Kapitalkosten ist, erzielt das Unternehmen quasi eine "Überrendite" (in%). Diese wird mit dem gesamten investierten Kapital erwirtschaftet. Somit ist die (in DM) gerechnete Überrendite die prozentuale Überrendite multipliziert mit dem investierten Kapital. Als Gesamtkapitalrendite kommen z. B. der RIV oder der ROCE in Frage. Das investierte Kapital ist entweder aus der Bilanz abzulesen, oder kann verbessert werden, indem es beispielsweise um die Auswirkungen steuerungs-ökonomisch wenig sinnvoller Bilanzierungsregeln bereinigt wird. Ansonsten kann man z. B. nicht die Rendite, die ein ergebnisverantwortlicher Betriebsleiter, dessen (Teil-) Betrieb auf einem alten (billigen) Grundstück steht, erwirtschaftet, mit der Rendite eines Kollegen vergleichen, dessen (Teil-)Betrieb auf neuem (teurem) Gewerbegebiet errichtet wurde.

4.3 Wie verbessert man die Aussagekraft von Gesamtkapitalzielrenditen?

Der größte Haken von Steuergrößen wie z. B. „RIV" und „ROCE" ist der Zähler. Hier steht ein modifiziertes Handelsbilanzergebnis, ein Ergebnis nach US-GAAP oder vielleicht auch nach IAS.

Das Problem ist, daß es sich um ein Ergebnis handelt, das

- vergangenheitsbezogen ist,
- den zeitlichen Anfall von Gewinnen (Erfolg jetzt vs. Erfolg in ein, zwei Jahren) ignoriert, sowie – und das ist sehr wichtig! -
- Risiko unberücksichtigt läßt.

Daher gehen fortschrittliche Steuerungssysteme, wie sie beispielsweise von Veba und Bayer eingesetzt werden, einen *neuen* Weg.

Grundlegende Idee:

- weg von Vergangenheitsdaten, hin zu (zu prognostizierenden) Zukunftsdaten, weil dann
- auch künftige Erfolge berücksichtigt werden und eine
- Berücksichtigung des Risikos möglich wird.

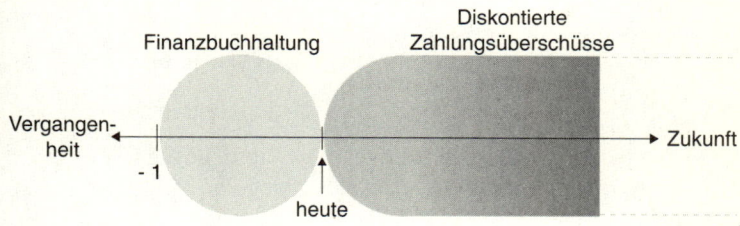

Abb. 4.1: Erfolg – heute vergangenheitsorientierte Finanzbuchhaltung, morgen diskontierte Zahlungsüberschüsse

An erster Stelle steht hier die Steuerung nach einem CFROI; d.i. ein Cash-flow Return on Investment. Warum ist diese Größe als Steuerungsgröße so geeignet? Weil es Hinweise gibt, daß diese Größe stark mit der Aktienkursentwicklung korreliert – somit würde sie auch eine Steuerung nicht-börsennotierter Unternehmen nach dem *Shareholder-Value* erlauben; also z. B. einer GmbH.

4.4 Das Wertmanagement: der Cash-flow Return on Investment (CFROI)

Unter *wertorientierter* Unternehmensführung versteht man, daß nur solche Projekte durch- bzw. weitergeführt werden sollten, die einen *positiven Wertbeitrag* zum gesamten Unternehmenswert liefern.

„Projekte" ist dabei ein sehr weit gefaßter Begriff – gemeint sind wirtschaftlich abgrenzbare Teilbereiche des Unternehmens. Bei einem Automobilbauer kann das z. B. der Bereich PKW sein; denkbar ist jedoch auch die alleinige Betrachtung einer Neuproduktion, z. B. eines neuen Einkaufsflitzers. Bei einem Chemiewerk könnten Bereiche z. B. der Düngemittel- oder der Baukunststoffbereich sein. „Bereich" ist damit das, was *sinnvoll abgrenzbar* ist und nach einer eigenständigen Analyse verlangen könnte!

Bereiche, die einen positiven Beitrag liefern, nennt man *Werterzeuger*, solche, die Wert vernichten, *Wertvernichter*.

Neu sind vor allem zwei Dinge:

1. Es interessiert nicht eine Rendite auf Basis von Buchhaltungszahlen, sondern *echte* Renditen auf Basis von Zahlungsströmen und damit auf Basis von *Cash-flows*.
2. Nicht die vergangene Rendite oder die aktuelle Rendite zählen, sondern die (erwartete) Rendite über den gesamten Planungszeitraum.[59]

Wissenschaftliche Basis dieses Vorgehens ist eine Erkenntnis aus der Investitionsrechnung. Sie besagt – und das ist weltweit anerkannt – „daß über die Sinnhaftigkeit von Investitionen nur anhand der mit der Investition verbundenen (erwarteten) Zahlungsströme geurteilt werden kann". Somit erfolgt bei der hier vorgestellten Methode *nur der Transfer eines Gedankens aus der Investitionsrechnung auf bereits laufende Projekte.*

Ziel ist letztlich die Steuerung der finanziellen Ressourcen in die guten Geschäftsfelder. Es soll auf jeden Fall vermieden werden, daß *gutes neues* Geld *schlechtem* Geld nachgeworfen wird.

Das bekannteste Verfahren zur Ermittlung der „Werttreiber" bzw. der „Wertvernichter" ist die Renditekennziffer *Cash-flow Return on Investment (CFROI)*.

Die Interpretation dieser Rendite ist einfach: Geschäfte mit einem CFROI der größer ist als ihre Kapitalkosten sind „gut", solche, deren CFROI kleiner ist als ihre Kapitalkosten „schlecht".

---

59 Von diesem Planungszeitraum kann durchaus auch bereits ein Teil Vergangenheit sein – dann muß man das Projekt vom Start bis zum Ende betrachten – mit der Maßgabe, daß nur noch die Zukunft beeinflußbar ist.

Der Begriff ROI soll dabei nur verdeutlichen, daß hier eine *Ge-samtkapitalrendite* berechnet wird. Die vorgeschalteten Worte Cash-flow machen klar, daß nicht – wie üblich – Buchhaltungszahlen in die Berechnung eingehen, sondern Cash-flows – also Zahlungsströme.

Nach Beobachtungen der Boston Consulting Group liegt der Cash-flow-Return-on-Investment von mehr als einem Viertel aller laufenden Projekte (bei einem typischen Unternehmen) unter den Kapitalkosten:

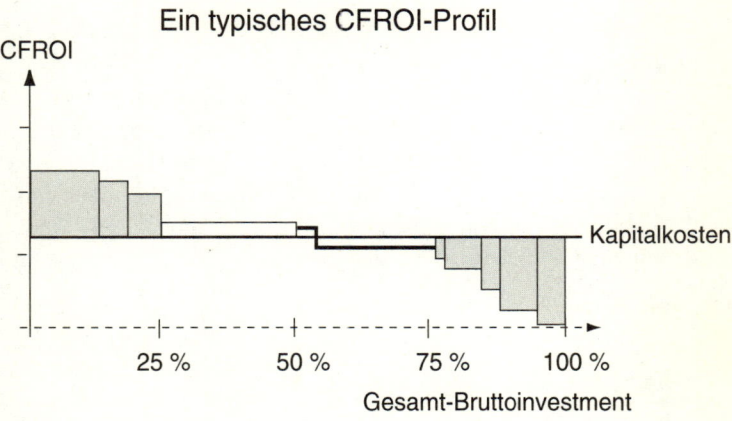

Quelle: In Anlehnung an Lewis, Th. G., S. 76

Abb. 4.2: Ein Großteil der Investitionen fließt in Geschäfte, die nicht die Kapitalkosten verdienen

Nichtdestotrotz versucht man in der Regel die Cash-flows aus Buchhaltungszahlen herzuleiten.

Die Bestimmung des CFROI geschieht in einem vierstufigen Verfahren:

1. Ermittlung der Bruttoinvestitionsbasis,
2. Ermittlung der geschäftstypischen Brutto-Cash-flows,

3. Ermittlung des Zeitraumes, für den mit diesen Cash-flows gerechnet werden kann und
4. Berechnung des CFROI auf Basis der von 1. bis 3. ermittelten Werte.

Die Berechnung des CFROI wird am Beispiel des Gesamtunternehmens Scholz-Grauguß AG demonstriert. Die Frage lautet also: Ist die Scholz-Grauguß AG in der jetzigen Struktur eine für die Eigenkapitalgeber interessante Firma (in die man vielleicht noch mehr Geld investieren sollte), oder ist es sinnvoller, die Beteiligung aufzulösen und in andere Firmen zu investieren?

4.5 Beispiel: Der CFROI der Scholz-Grauguß AG

1. Ermittlung der Bruttoinvestitionsbasis

Die Bruttoinvestitionsbasis ist der *Wiederbeschaffungswert* der Ausstattung, die den „Brutto-Cash-flow" im letzten Jahr ermöglicht hat. Salopp gesagt handelt es sich dabei um den Betrag, der investiert werden mußte (müßte), um das Geschäft, das die Cash-flows schließlich liefert, (neu) aufzubauen. Eine Schätzung dieses Wiederbeschaffungswertes kann wie folgt aussehen (zur Erinnerung: Die Bilanz steht auf Seite 53, die G&V auf Seite 56):

Die Bruttoinvestitionsbasis der Scholz-Grauguß AG	
Ausgangspunkt: Bilanzsumme = Gesamtkapital	TDM 4000
Bereinigung um nicht-verzinsliches Kapital: – Pensionsrückstellungen – sonstige Rückstellungen = Betriebstypisches Kapital zu Buchwerten	 –300 –200 3500
Bereinigung um Abschreibungen auf SAV und Inflation (Zur Ermittlung der Wiederbeschaffungswerte) kumulierte Abschreibungen des SAV (aus Anlagespiegel) Inflationierung auf den heutigen Zeitpunkt	 + 3600 + 1800
= „Bruttoinvestitionsbasis"	8900

Bem.: SAV = Sachanlagevermögen

Tab. 4.2: Die Bruttoinvestitionsbasis

2. Ermittlung des geschäftstypischen Brutto-Cash-flows

Geschäftstypische Brutto-Cash-flows[60] sind die Cash-flows, die aus der normalen Betriebstätigkeit entspringen und daher als wahrscheinlich andauernd angesehen werden können. Diese Cash-flows

Der geschäftstypische Brutto-Cash-flow der Scholz-Grauguß AG	
Ausgangspunkt: Gewinn nach Steuern	TDM 120
Bereinigung um geschäftsuntypische Vorfälle:[1] Erträge aus der Auflösung von Rückstellungen Abschreibungen auf Finanzanlagen	 –20 +30
Bereinigung um die Steuerwirkungen dieser Vorfälle:[2] Steuerwirkung der Rückstellungsauflösung Steuerwirkung der Abschreibung auf Finanzanlagen	 -8 +12
Gewinn nach untypischen Vorfällen und nach Steuern	+134
Bereinigung um Zinsen und Abschreibungen auf SAV: Zinsen und ähnliche Aufwendungen Abschreibungen auf Sachanlagevermögen	 +90 +500
= „Brutto-Cash-flow"	+724

Tab. 4.3: Ermittlung des geschäftstypischen Brutto-Cash-flows

[1] Unterstellt wird, daß
  1. die Finanzanlagen langfristiger Natur sind und im Zusammenhang mit dem Betriebszweck stehen – also z. B. Beteiligungen an weiteren Graugußbetrieben und daß
  2. die Erträge aus Patent- und Lizenzgebühren weiterhin – in etwa in der Höhe wie in der letzten G&V vermerkt – fließen werden.
  Daher wird auf eine Bereinigung um diese beiden Größen verzichtet.
[2] Unterstellt wird ein Grenzsteuersatz von 40%. Die Auflösung der Rückstellungen in Höhe von 20 TDM führte zu einer Erhöhung der Steuern um 20 · 0,4 = 8 TDM. Mit dieser Steuerzahlung ist in Zukunft nicht mehr zu rechnen. Genau andersherum wirken die Abschreibungen auf Finanzanlagen: Die Abschreibungen verminderten die zu zahlende Steuer, mit gleichen Abschreibungen ist in Zukunft nicht wieder zu rechnen, daher wird die Steuerlast steigen.
  Der Brutto-Cash-flow ist der Betrag, der tatsächlich langfristig für die *Verzinsung des eingesetzten Kapitals* und für *Reinvestitionen* zur Verfügung steht.

---

60 „Brutto" heißt dabei, daß es Ziffern *vor* Zinszahlungen (nicht aber vor Steuern!) sind.

sind also die Rückflüsse aus der Investition in die *Bruttoinvestitionsbasis*.

3. Ermittlung der Nutzungsdauer des abschreibbaren Anlagevermögens

Cash-flows können nur so lange produziert werden, wie es die Lebensdauer der eingesetzten Maschinen und Anlagen (der *Aktiva*) zuläßt. Es ist einfach wichtig, ob eine Anlagenausstattung nur 3 Jahre benutzt werden kann oder 20 Jahre! Die (durchschnittliche) Nutzungsdauer des Anlagevermögens kann wie folgt geschätzt werden:

Die Nutzungsdauer des abschreibbaren Anlagevermögens der Scholz-Grauguß AG	
Ausgangspunkt: Betriebstypisches Kapital zu Buchwerten	TDM 3500
Bereinigung um Aktiva, die keinem kontinuierlichen Wertverfall unterliegen: Finanzanlagevermögen	-400
Betriebstypisches Kapital zu Buchwerten	3100
Bereinigung um Abschreibungen auf SAV: kumulierte Abschreibungen des SAV (aus Anlagespiegel)	+3600
Basis zur Bestimmung der Nutzungsdauer (durchschnittliche) lineare Abschreibung → Nutzungsdauer (= Basis dividiert durch Abschreibung)	6700 500 13,4 Jahre

Tab. 4.4: Nutzungsdauer des abschreibbaren Anlagevermögens

Damit weiß man, daß 8900 Geldeinheiten (= Bruttoinvestitionsbasis) nötig waren, um über etwa 13 Jahre (Nutzungsdauer) jeweils jährliche Cash-flows von 724 (Brutto-Cash-flow) zu generieren. Das sind alle Angaben, die man benötigt, um den CFROI dieses Projektes zu bestimmen.

4. Die Ermittlung des CFROI

Der CFROI ist nichts anderes als der interne Zins der folgenden Zahlungsreihe:

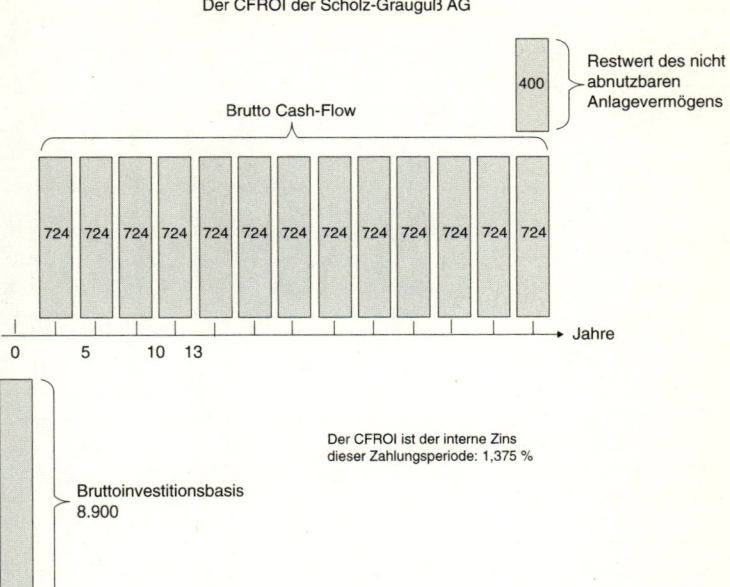

Abb. 4.3: Der CFROI

Der interne Zins ist identisch mit dem Zinssatz r*, für den der Barwert aller Zahlungen dieser Zahlungsreihe gleich 0 ist. Am leichtesten ist er mit einem Tabellenkalkulationsprogramm zu errechnen:

$$-8900 + \frac{724}{1 + r^*} + \frac{724}{(1 + r^*)^2} + \frac{724}{(1 + r^*)^3} + \frac{724}{(1 + r^*)^4} + \dots + \frac{724}{(1 + r^*)^{13}} + \frac{400}{(1 + r^*)^{13}} \overset{!}{=} 0$$

In unserem Beispiel beträgt der interne Zins gerade 1,375 %.[61]

---

61 Wie man diesen Wert selbst bestimmen kann, ist auf Seite 111 nachzulesen.

Diese Rendite muß den Kapitalkosten gegenübergestellt werden. Für eine durchschnittlich riskante Firma muß von Kapitalkosten in Höhe von 8 – 12% ausgegangen werden.[62]

Damit handelt es sich bei der Scholz Grauguß AG um ein aus finanzieller Eigentümersicht völlig uninteressantes Unternehmen!

Oder noch deutlicher:

Die Eigentümer erleiden dadurch, daß sie ihr Geld diesem Unternehmen zur Verfügung stellen einen Vermögensverlust von rd. 8,5% pro Jahr – relativ zu einer „richtig" verzinsten, gleichriskanten Anlageform!

Damit stellt das Unternehmen Scholz-Grauguß ein sehr wenig lukratives Investment dar! Die Antwort auf die oben gestellte Frage kann für die Eigenkapitalgeber nur heißen: Keine weiteren Beteiligungen an der Scholz-Grauguß erwerben, besser noch die bestehenden Beteiligungen abgeben.

Ganz besonders interessant ist das Ergebnis deswegen, weil es den Ergebnissen, die mit „traditionellen" Verfahren ermittelt wurden, deutlich widerspricht: Eigenkapitalrendite 26,8%, Umsatzrendite 7,4%, Gesamtkapitalrendite $_{(BAV)}$ 5,25% (10,1%).[63]

Das Management muß damit rechnen, daß seine Fähigkeiten stark in Zweifel gestellt werden. An aktiven Finanzplätzen müßte man damit rechnen, daß (für den Fall, daß es sich bei der momentanen Situation um eine Managementfehlleistung handelt) eine „feindliche Übernahme" (d. h. ein Kaufangebot an die Eigentümer auch gegen die Interessen der Geschäftsführung) erfolgt – verbunden in aller Regel mit einem Austausch der Geschäftsführung.

---

62 Vgl. Kapitel 5.2 zur Berechnung von Kapitalkosten allgemein und Kapitel 5.3 zur Bestimmung der Kapitalkosten der Scholz Grauguß AG.
63 Vgl. Kapitel 3.3.

5. Die Behandlung von Risiko am Beispiel von Investitionsvorhaben

Was verstehen die Ökonomen unter Risiko? Wie gehen Ökonomen damit um?

Risiko heißt, daß etwas nicht so kommt, wie man es erwartet. Und in aller Regel handelt es sich dabei um Vorgänge, die mehr oder weniger schnell die *Einzahlungsseite* bzw. die *Auszahlungsseite* betreffen; also z. B.

- erwartete Umsätze, die nicht eintreffen, weil die Absatzzahlen nicht erzielt werden,
- oder weil die Preise nicht durchsetzbar sind,
- Gewährleistungen, die in höherem Maß als erwartet auftreten,
- Vorprodukte oder Rohstoffe, die teurer werden,
- ungeahnte Wechselkursveränderungen, die Fremdwährungserträge zu kleineren als die erwarteten DM machen,
- unerwartet hohe Lohn- und Gehaltsabschlüsse,
  oder auch positive Geschehnisse wie
- unerwartete Erfindungen, die sich gut vermarkten lassen,
- Preissenkungen bei Vorprodukten,
- erhöhte Kaufkraft bei potentiellen Kunden etc.

Im wesentlichen sind es nur eine Handvoll Verfahren, die von Ökonomen angewandt werden, um Entscheidungsgrundlagen zu erhalten:

Sensitivitätsanalysen	Expertenbefragungen z.B. via Delphi-Methode	Monte-Carlo-Simulation

Abb. 5.1: Verfahren zur Risikomessung

5.1 Ein integriertes Risikokonzept

Man kann nun diese Verfahren als unabhängige Verfahren ansehen – oder aber, wie es hier geschieht, als ein *geschlossenes System*.

> Zielsetzung des hier dargestellten Systems ist es, mit *einfachen* Verfahren einen möglichst tiefen Einblick in Chancen und Risiken von unternehmerischen Vorhaben zu erhalten.

Das Procedere soll wieder an einem Beispiel demonstriert werden:

Firma Klopfer: Das Projekt „Rollerskates"
Der Inhaber des Baustoffgeschäftes, Herr Klopfer, hat die Idee, nicht mehr allein auf Baustoffe zu vertrauen. Von der Kombination mit einem völlig anderen Geschäft erhofft er sich einen Ausgleich für den Fall, daß branchenspezifische Zyklen auftreten. Gerade denkt er über den Rollerskates-Markt nach. Er möchte die Skates aber nicht nur verkaufen, sondern auch selbst produzieren. Er bräuchte also eine Produktionsstätte und einen neuen Verkaufsshop in der Innenstadt – jeweils natürlich mit dem zugehörigen Personal.

Der Buchhalter Schwarz empfiehlt Klopfer, eine *integrierte Risikobetrachtung* anzustellen, bevor er „in die Vollen geht".

Im Prinzip handelt es sich um ein vierstufiges Vorgehen, das wie folgt aussieht:[64]

5.1.1 Der prinzipielle Aufbau des Risikokonzeptes

1. Definition des Problemtyps	Investitionsbeurteilung
2. Festlegung einer Entscheidungsgröße	Kapitalwert u. interner Zins
3. Prüfung: Wie schaut es *prinzipiell* aus?	Rechnung mit Ewartungswerten
4. Risikoanalyse:	
Schritt 1: Was sind die kritischen Größen?	Sensitivitätsanalyse
Schritt 2: Wie komme ich zu den besten Schätzungen für die kritischen Größen?	Delphi-Methode
Schritt 3: Wie integriere ich diese Schätzungen in meine Beurteilungsverfahren?	Monte-Carlo-Simulation
5. Interpretation und Entschluß	Entscheidungskriterium

Tab. 5.1: Das Konzept der integrierten Risikobetrachtung

---

64 „Integriert" heißt es deshalb, weil es problemlos in die bestehende operative und strategische Planung integriert werden kann.

Bevor man also zur eigentlichen Risikobeurteilung kommt, gilt es die Schritte 1 bis 3 zu klären.

5.1.2 Investitionsrechnung: Welche Projekte sind „gut"?

Zu 1. „Definition des Problemtyps"

Nachdem es nicht möglich ist, mit dem Betrieb, „so wie er ist", Rollerskates zu produzieren und zu verkaufen, handelt es sich um ein komplett neues Projekt, eine *Neuinvestition*.

Zu 2. „Festlegung einer Entscheidungsgröße"

Schwarz weist seinen Chef darauf hin, daß es eine Reihe von Verfahren gibt, mit denen Investitionen beurteilt werden können. Im Sinne einer modernen Unternehmenssteuerung kommt jedoch nur ein Verfahren in Betracht: Die *Kapitalwertmethode*. Sie bestimmt eine Größe (den *Kapitalwert*), die besagt, um wieviel sich der Wert des Unternehmens ändert, wenn die Investition durchgeführt wird. Und wie Schwarz noch aus den Unterweisungen zur Unternehmensführung weiß, ist die Steigerung des Unternehmenswertes oberstes Ziel eines modern geführten Unternehmens. Parallel dazu wird der *interne Zins* bestimmt. Er stellt eine Art *Verzinsung der Investition* dar. Der interne Zins muß den Kapitalkosten gegenübergestellt werden.

Die zentralen Regeln der Investitionsrechnung sind einfach:

Regel 1:
Führe alle Investitionen durch, die einen *positiven* Kapitalwert haben. Die absolute Höhe des Kapitalwertes ist einer der besten Schätzer für den tatsächlichen ökonomischen Gewinn einer Maßnahme.

Regel 2:
Investitionen mit einem internen Zins, der höher ist als die Kapitalkosten, schaffen einen Mehrwert für das Unternehmen.
Allerdings:
Die Höhe des internen Zinses allein sagt nichts über die Höhe dieses Mehrwertes aus!

Zu 3. „Wie sieht es prinzipiell aus?"

Kapitalwert und interner Zins der Rollerskates-Idee

Jetzt gilt es, den Kapitalwert und den internen Zins der Rollerskates-Idee zu berechnen. Dazu müssen zunächst die mit dem Investitionsprojekt jedes Jahr verbundenen *Ein- und Auszahlungen* geschätzt werden.

Achtung also: Die Input-Daten sind Zahlungen, also echte Kassenbewegungen!

Dies führt zu folgender Tabelle:

	t_0	t_1	t_2	t_3	t_4	t_5
Investitions-zahlungen	−1 235 000					−220 000
Preis		150	160	130	130	100
Absatzzahlen		6 000	12 000	24 000	12 000	6 000
→ Umsätze		900 000	1 920 000	3 120 000	1 560 000	600 000
Zulieferteile (pro Schuh)		7	6	5	5	5
→ Zahlungen an Zuliefer		300 000	540 000	840 000	420 000	240 000
„Deckungs-beitrag"		600 000	1 380 000	2 280 000	1 140 000	360 000
Personalkosten		500 000	500 000	700 000	600 000	100 000
Miete (3% Steigerung p.a.)		150 000	154 500	159 135	163 909	168 826
→ Cash-flow	-1 235 000	- 50 000	725 500	1 420 865	376 091	-128 826

Tab. 5.2: Kapitalwert und interner Zins der Rollerskates-Idee

Die wichtigste Zeile in dieser Tabelle – sowohl zur Berechnung des Kapitalwertes als auch zur Berechnung des internen Zinses – ist die *Cash-flow*-Zeile (die Saldierung aller mit der Investition zusammenhängenden Ein- und Auszahlungen). Die Einzahlungen resultieren aus dem Verkauf und sind damit von Preis und Menge abhängig. Klopfer und Schwarz gehen dabei von Absatzmengen aus, die über drei Jahre stark wachsen, um dann, da es sich aller Wahrscheinlichkeit nach nur um ein Modeprodukt handelt, wieder nachlassen. Da mit weiteren Konkurrenten zu rechnen ist, sollte man wohl mit im Zeitablauf sinkenden Verkaufspreisen rechnen. Bei den Auszahlungen sind die neu hinzukommenden Personalkosten (die mit der Zeit wachsen, weil mehr produziert werden muß und Fachverkäufer notwendig sind), die Vorprodukte (Rollen und Lager, Schuhhalbfabrikate etc.) und die Mieten für den Produktionsstandort und den Verkaufsshop eingerechnet.

Wie bei Investitionen üblich, sind zuerst die Cash-flows negativ und werden erst mit der Zeit – wenn das Geschäft in die Gänge kommt – positiv, um am Schluß wieder negativ zu werden – ein typischer Produktlebenszyklus-Cash-flow!

Investitionskriterium 1: Der Kapitalwert

Der Clou des Kapitalwertes ist es, daß er *Zahlungen, die zu unterschiedlichen Zeitpunkten anfallen, vergleichbar macht*: Dazu werden in der Zukunft liegende Zahlungen auf den heutigen Zeitpunkt (= t_0) *abdiskontiert*; man spricht auch davon, daß der *Barwert einer Zahlung* berechnet wird:

Ist beispielsweise der Marktzins 8%, sind 1000 DM, die man sofort erhält genausoviel *wert* wie 1080 DM, die man in einem Jahr erhält. Warum? Besitzt man 1000 DM heute, kann man sie zur Bank bringen und verfügt dann in einem Jahr mit Zins über 1080 DM. Besitzt man das Geld heute nicht und braucht es aber, nimmt man einen Kredit über 1000 DM auf und muß dann in einem Jahr 1080 DM zurückzahlen.[65] Wie man es auch dreht: 1000 DM *heute* sind bei einem Marktzins von 8% genausoviel, wie 1080 DM in einem Jahr! Das sieht man, wenn man die in t_1 kommenden 1080 DM auf heute abdiskontiert:

$$\text{Barwert der 1080 DM} = \frac{1080 \text{ DM}}{1 + \dfrac{\text{Zins}}{100}} = \frac{1080 \text{ DM}}{1,08} = 1000 \text{ DM}$$

---

65 Hier wird unterstellt, daß Soll- und Habenzins gleich sind. Für größere Unternehmen ist dies tatsächlich fast gegeben.

Man muß sich merken:

> Der Kapitalwert ist der *Barwert aller* mit einer Investition zusammenhängenden *Zahlungen*. Eine *Sachinvestition*, die dieselbe Verzinsung wie eine (gleichriskante) *Finanzinvestition* am Kapitalmarkt hat, weist einen Kapitalwert von 0 auf. Sachinvestitionen, die besser sind, haben positive, solche, die schlechter sind, negative Kapitalwerte.

Schwarz argumentiert, daß es unfair wäre, das Rollerskates-Investitionsprojekt mit einer einfachen Geldanlage wie z. B. in Bundesobligationen zu vergleichen. Ein bißchen mehr sollte es schon sein, das Risiko ist ja größer. Man einigt sich daher auf 12%.[66]

Sie berechnen den Kapitalwert der Rollerskates-Investition wie folgt:

$$C_0(12\%) = -1\,235\,000 + \frac{-50\,000}{1,12} + \frac{725\,000}{(1,12)^2} + \frac{1\,420\,865}{(1,12)^3} + \frac{367\,091}{(1,12)^4} + \frac{-128\,826}{(1,12)^5}$$

$$= 475\,987 \text{ (DM)}$$

Dieser Wert wird von Schwarz so interpretiert:
- Egal ob Klopfer das Geld zur Durchführung der Investition hat oder sich bei der Bank leihen muß – die Investition lohnt sich!
- In dem Moment, in dem das Projekt begonnen wird, steigt der Unternehmenswert um etwa 476 000 DM.
- Wäre die Firma Klopfer eine Aktiengesellschaft, sollte sich also der Aktienkurs in dem Moment, wo die Information über das neue Projekt an die Öffentlichkeit kommt, so erhöhen, daß der Wert des gesamten Aktienkapitals um eben diese 476 000 DM anstiege.

In der Theorie der Investitionsrechnung ist damit das Problem vollständig gelöst.[67] Eher aus der Tatsache, daß Menschen lieber in Renditen als in der ungewohnten Dimension *Kapitalwert* denken, als aus Notwendigkeit heraus, wird in aller Regel zusätzlich noch der interne Zins berechnet.

---

66 Der Problematik der Berechnung des „richtigen" Zinses zur Abdiskontierung wird in Kapitel 5.2 nachgegangen.
67 Eine wichtige Bedingung ist jedoch, daß der Diskontfaktor mit 12% „richtig" gewählt ist.

Investitionskriterium 2: Der interne Zins

Wieder wird auf die Zahlungsreihe der Investition zurückgegriffen. Im Gegensatz zum Kapitalwert, bei dessen Berechnung die Kapitalkosten zum Abdiskontieren Verwendung finden, sucht man jetzt den Zins, mit dem man abdiskontieren muß, um auf einen Kapitalwert von 0 zu kommen. Im Beispiel heißt das, daß ein Zins r* gesucht wird, für den gilt:

$$-1\,235\,000 + \frac{-50\,000}{1 + r^*} + \frac{725\,000}{(1 + r^*)^2} + \frac{1\,420\,865}{(1 + r^*)^3} + \frac{367\,091}{(1 + r^*)^4} + \frac{-128\,826}{(1 + r^*)^5}$$

$$\overset{!}{=} 0 \text{ (DM)}$$

Analytisch nach r* aufzulösen ist für größere Exponenten nicht möglich; man kann den internen Zins aber leicht durch Ausprobieren finden. Die folgende Abbildung zeigt, wie man sich an den internen Zins herantasten kann; sie demonstriert gleichzeitig den typischen Zusammenhang von Kapitalwert, Kalkulationszins und internem Zins. Alternativ kann man sich den internen Zins von einem Tabellenkalkulationsprogramm ermitteln lassen.

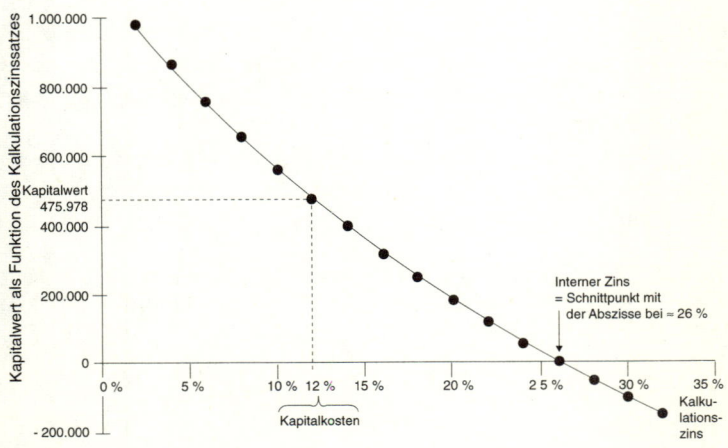

Abb. 5.2: Zusammenhang Kalkulationszins, Kapitalwert und interner Zins

5.1.3 Risikoanalyse

Offensichtlich sind alle Daten, die zur Berechnung des Cash-flows herangezogen werden, *Prognosedaten* und damit mit Ungenauigkeit behaftet.

Theoretisch kann man einwandfrei nachweisen, daß diese Ungenauigkeit durch einen korrekt festgelegten (d. h. im Normalfall einen höheren als einen risikolosen) Kalkulationszins vollständig berücksichtigt wird. In unserem Beispiel wurde das sehr locker und *ohne theoretische Fundierung* von Praktikern durch die Heraufsetzung des Diskontsatzes von 8 auf 12% abzubilden versucht. Fundierte, bessere Methoden werden aber noch gezeigt!

Für praktische Belange liefert das folgende Procedere aber eine Vielfalt interessanter Hinweise über die *Risikostruktur des Vorhabens*.

Schritt 1:
Sensitivitätsanalyse: was sind die kritischen Größen der Prognose?

Fast immer sind es nur einige wenige zentrale *Schlüsselgrößen*, von denen es abhängt, ob ein Vorhaben – hier die Investition – gut oder schlecht läuft. Eine einfache Methode, diese Schlüsselgrößen festzustellen, besteht darin, jeweils alle Einflußgrößen außer einer unverändert zu lassen – und diese Größe um einige Prozentpunkte zu verändern. Dann schaut man wie die Entscheidungsgröße – hier der Kapitalwert – darauf reagiert.

In unserem Fall will Schwarz wissen, was mit dem Kapitalwert passiert, wenn sie sich bei den Personalkosten verschätzt haben. Dazu stellt er eine Tabelle auf:

Sensitivität des Kapitalwertes auf eine Änderung der Personalkosten

Personal-kosten	-20%	-10%	„wie erwartet"	+10%	+20%
Kapitalwert	832 243 DM	654 111 DM	475 978 DM	297 846 DM	119 713 DM
Änderung (%)	+74,8	+37,4	-	-37,4	-74,8

Tab. 5.3: Die Sensitivität des Kapitalwertes auf Änderungen der Personalkosten

Wie zu erwarten war, sinkt die Vorteilhaftigkeit der Investition, wenn man mit höheren Personalkosten rechnen muß – und andersherum.

Wichtig ist in dieser Tabelle, sich die Größenordnungen vor Augen zu halten: Eine 10-%ige Steigerung der Personalkosten schmälert den erwarteten ökonomischen Gewinn der Investition von 475 978 DM auf 297 846 DM – das entspricht einem Rückgang von über 37%!

Entsprechend verfährt er bei den anderen Größen, die den Kapitalwert beeinflussen: Den Investitionsauszahlungen, den zu erzielenden Preisen, den Absatzzahlen, den Preisen für die einzukaufenden Vorprodukte und den Mieten. Da zeigt sich, daß andere Größen einen noch deutlicheren Einfluß als die Personalkosten haben.

Zur Darstellung der unterschiedlichen „Wichtigkeiten" eignet sich eine graphische Darstellung besonders gut:

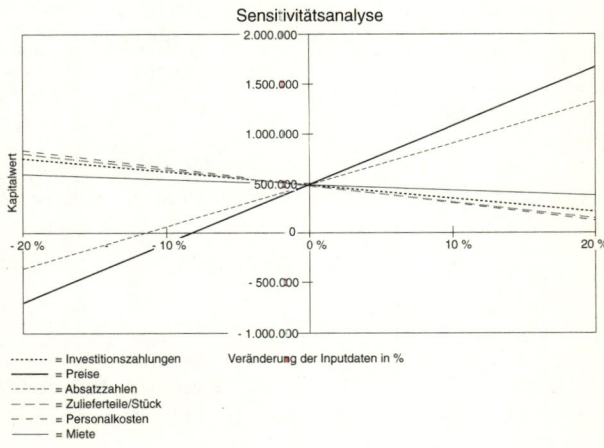

Abb. 5.3: Sensitivitätsanalyse

Die wichtigsten Größen sind die mit den *steilsten* Kurven: Deutlich ist ersichtlich, daß dies in unserem Fall die Preise, die erzielt werden können, sowie die Absatzzahlen sind. Besonders kritisch sind sie deshalb, da bereits eine Verringerung der Erwartungswerte um nur rund 10% die Vorteilhaftigkeit des Vorhabens völlig ins Gegenteil verkehrt: Die Kapitalwerte werden negativ – und das ist mit der *Vernichtung von Kapital* gleichzusetzen!

Daher ist es sinnvoll, sich über mögliche Preise und Absatzzahlen noch intensiver zu informieren. Eine Methode dazu ist eine Form der Expertenbefragung, die Delphi-Methode.

Schritt 2:
Delphi-Methode: Wie kommt man zu den besten Schätzungen für kritische Größen?

Die Idee der ursprünglich für komplexe Prognosevorhaben entwickelten Delphi-Methode ist, möglichst viele Expertenmeinungen erst zu eruieren und dann sinnvoll zu aggregieren. Expertenwissen soll dazu dienen, eine *sicherere* Basis für Entscheidungen zu legen, als dies einer Person alleine möglich wäre.

Zur Prognose der Preis- und Absatzzahlen entschließen sich Klopfer und Schwarz, Kontakt zu einem Vertreter der Spielwarenindustrie, einem Professor für Wirtschaftsprognosen und zur Redakteurin für Breitensport eines Life-Style-Magazines aufzunehmen.[68] Diesen Personen senden sie einen Fragebogen zu, indem sie um die Beantwortung von 2 Fragen bitten:

- Welche Preisentwicklung erwarten Sie in den kommenden 5 Jahren für Rollerskates durchschnittlicher Qualität? Bitte geben Sie einen „schlechtesten" Preis, einen Preis, der mit derselben Wahrscheinlichkeit über- wie unterschritten wird (einen „Median") und einen „bestmöglichen" Preis an!

- Welches Gesamtverkaufsvolumen für Rollerskates erwarten Sie in den kommenden 5 Jahren? Bitte geben Sie wiederum einen „minimalen" Absatz, einen Absatz, der mit derselben Wahrscheinlichkeit über- wie unterschritten wird und einen „höchstdenkbaren" Absatz an!

---

68 Die „Experten" können auch innerhalb des Unternehmens sein. „Betriebsblindheit" und Gruppendruck wird jedoch wahrscheinlich die Ergebnisse verschlechtern. Ein Probleme beim „Nach-außen-Gehen" besteht in der Gewinnung von „guten" Experten.

Die Antwortschreiben fassen sie in einer Tabelle zusammen:

	Preisentwicklung					Absatzentwicklung				
bester	t+1	t+2	t+3	t+4	t+5	t+1	t+2	t+3	t+4	t+5
Ex-perte 1	150	170	170	160	130	6600	14 000	40 000	20 000	12 000
Ex-perte 2	160	170	170	180	120	6300	13 500	33 000	18 000	13 000
Ex-perte 3	145	160	155	145	100	9000	12 000	18 000	10 000	12 500
∅	*151,67*	*166,67*	*165*	*161,67*	*116,67*	*7300*	*13 166,67*	*30 333,33*	*16 000*	*12 500*
50/50 Ex-perte 1	140	140	140	130	120	6300	12 500	35 000	18 000	5 500
Ex-perte 2	150	155	155	165	110	4500	10 000	19 500	13 500	6 500
Ex-perte 3	140	150	145	120	90	6500	6 500	13 000	9 000	6 000
∅	*143,33*	*148,33*	*146,67*	*138,33*	*106,67*	*5766,67*	*9666,67*	*22 500*	*13 500*	*6 000*
schlech-tester Ex-perte 1	130	130	120	120	90	6000	11 500	30 000	12 000	4 500
Ex-perte 2	130	120	120	100	80	4000	9 000	17 500	12 500	5 000
Ex-perte 3	120	100	90	90	80	6300	6 400	12 000	8 000	4 000
∅	*126,67*	*116,67*	*110*	*103,33*	*83,33*	*5433,33*	*8966,67*	*19 833,33*	*10 833,33*	*4 500*

Tab. 5.4: Zusammenfassung der Expertenmeinungen zur Preis- und Absatzentwicklung

Im Prinzip stellt jede Expertenantwort zum Preis bzw. zum Absatz eine Information dar, die ausdrückt, welche *Verteilung* der *Zufallsgröße* Preis bzw. Absatz der jeweilige Experte *in etwa* unterstellt.[69]

Um das zu verdeutlichen, wird zunächst die Meinung des ersten Experten zum Absatz im zweiten Jahr graphisch dargestellt und dann interpretiert.

---

69 „In etwa" deswegen, weil man, um die exakte Verteilung zu kennen, in der Regel mehr als die hier angegebenen 3 Informationen benötigt. Für praktische Bedürfnisse reicht die Information jedoch völlig aus.

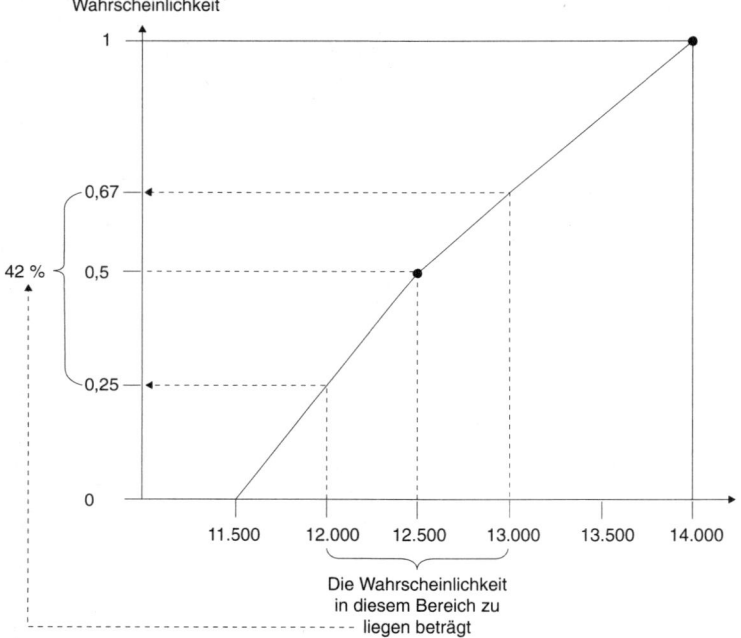

Abb. 5.4: Verteilungsfunktion des ersten Experten zum Absatz im zweiten Jahr

Die Darstellung heißt *Verteilungsfunktion*. Die Hochwertachse gibt an, wie groß die Wahrscheinlichkeit ist, daß ein beliebiger Wert auf der Rechtwertachse *unter*schritten wird. Der maximale Wert auf der Hochwertachse ist 1. Dazu ein Blick auf den zugehörigen Y-Wert zum Absatz von 14 000: Er ist 1. Das heißt, die (erwartete) Wahrscheinlichkeit ist 100%, daß ein Absatz kleiner (oder gleich) 14 000 erzielt wird. Das ist nur natürlich, war doch der vom Experten geschätzte Maximalwert 14 000. Es lassen sich aber noch deutlich informativere Dinge aus dieser Verteilungsfunktion herauslesen. So beträgt die Wahrscheinlichkeit rd. 67%, daß ein Wert unter 13 000 realisiert wird und 25%, daß einer unter 12 000 eintritt. Damit ist die

Wahrscheinlichkeit, daß der Absatz *zwischen* 12 000 und 13 000 Paar liegt 67% – 25% oder 42%.[70]

Um weiterarbeiten zu können, müssen diese Daten aggregiert werden. Das sollte einer möglichst informativen Zusammenfassung der gelieferten Information gleichkommen. Dazu gibt es verschiedene Möglichkeiten.[71] Eine leicht praktizierbare Variante besteht darin, jeweils die Mittelwerte der optimistischen, 50–50 und der pessimistischen Schätzungen zu bilden. Diese können als *aggregierte Meinung* interpretiert werden. Auf diese Art und Weise können insgesamt 8 Verteilungsfunktionen gebildet werden – für jedes Jahr je eine für den Preis und das Absatzvolumen. Die entsprechenden Werte sind bereits in kursiver Schrift in der Tab. 5.4 (S. 115) berechnet.

Bei größeren Delphi-Untersuchungen schließt sich nun ein zweiter Durchgang an: Die erneute Verschickung des gleichen Fragebogens an die gleichen Experten wie vorher, allerdings mit der Information, was die durchschnittliche Meinung (für Preise und Absatzzahlen) aller Experten für die jeweiligen Jahre und für die jeweilige beste, die 50/50 und die schlechteste Schätzung ist. D.h. in unserem Fall würden die Experten die kursiven Daten der Tab. 5.4 genannt bekommen und damit eine Gelegenheit erhalten, ihre erstgenannten Meinungen ggf. anzupassen. Hier wird auf diesen zweiten Durchgang verzichtet.

Schritt 3:
Monte-Carlo-Simulation
Basis der Monte-Carlo-Simulation sind
1. die Verteilungsfunktionen, die aus den aggregierten Expertenmeinungen gewonnen werden sowie
2. gleichverteilte Zufallszahlen.

---

70 Natürlich unterstellt diese Interpretation tatsächlich einen linearen Verlauf der Verteilungsfunktion zwischen den von den Experten angegebenen 3 Werten.

71 Die korrekteste Möglichkeit wäre die Kombination der unterschiedlichen Verteilungen durch eine *Faltung*. Ihr Nachteil liegt in der unhandlichen Mathematik, weswegen hier auch darauf verzichtet wird.

Schema einer Delphi-Untersuchung

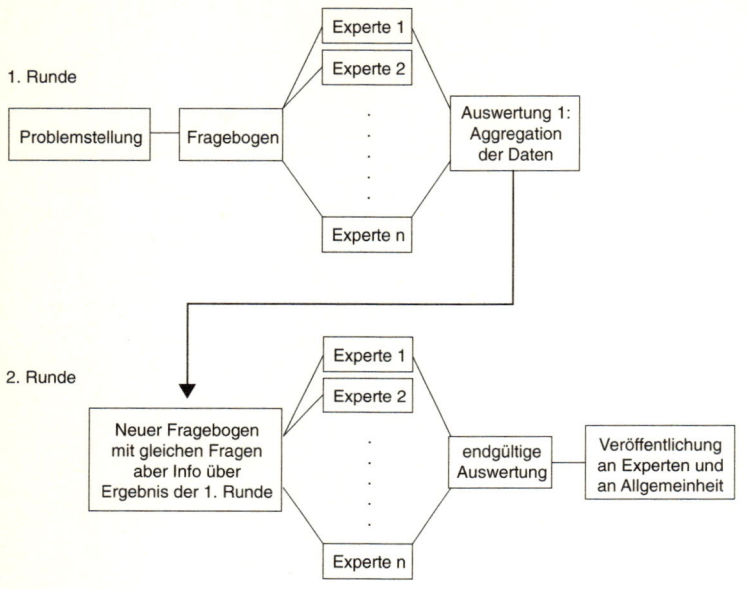

Abb. 5.5: Schema einer Delphi-Untersuchung

Ziel der Monte-Carlo-Simulation ist es, herauszubekommen, in welcher Bandbreite die entscheidungsrelevante Größe – in unserem Fall der Kapitalwert – liegen wird. Ein *einzelner* Kapitalwert hängt in unserem Beispiel von 10 Größen ab, die simuliert werden: 5 Preisen (die Preise in den 5 Jahren) und 5 entsprechenden Jahresumsätze. Simuliert man entsprechend oft, zeigt sich, daß die Kapitalwerte zwar sehr weit streuen, aber auch wiederum oft in einem vergleichsweise engen Bereich liegen. Viele Simulationen – sozusagen vorweggenommene Zukünfte – führen also – trotz der vielen simulierten Daten! – zu ähnlichen Ergebnissen. Und das ist es, was (u. a.) interessiert.

Graphisch ist es leichter zu sehen, was bei einer Simulation passiert:

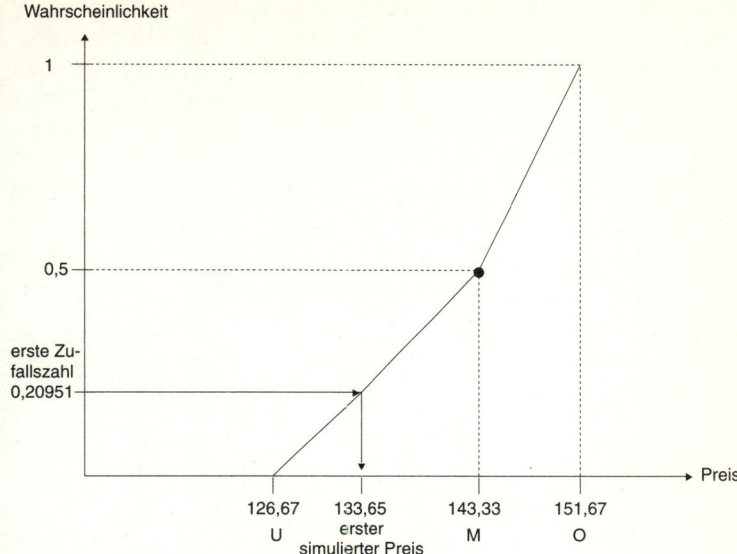

Abb. 5.6: Verteilungsfunktion der aggregierten Expertenmeinung zum Preis im ersten Jahr und erste Simulation

Die sogenannte *Zufallszahl* – in der Abbildung die 0,20951 – „simuliert" nun einen Preis im ersten Jahr von 133,65 DM. Wie wird nun die Expertenmeinung dabei berücksichtigt? Ganz einfach: nachdem Simulationen sehr oft durchgeführt werden und die Zufallszahlen zwischen 0 und 1 gleich verteilt sind, werden im Fall des Preises im ersten Jahr in rd. 50% der Fälle Preise zwischen 126,67 und 143,33 – also aus einem Bereich von rd. 17 DM – simuliert. Die anderen rd. 50% der Simulationen werden aus dem Bereich zwischen 143,33 und 151,67 DM sein, einem Bereich von nur rd. 8 DM. Oder anders ausgedrückt: Während ein Laie vielleicht argumentieren würde, daß bei einem optimistischen Wert von 151,67 und einem pessimistischen Wert von 126,67 der *Mittelwert* 139,17 DM (= (126,67 + 151,67)/2) sei und daher sich Simulationswerte zu je der Hälfte zwischen 126,67 und 139,17 bzw. zwischen 139,17 und 151,57 aufhalten sollten, sorgt die Verteilungsfunktion (als Ergebnis der Expertenbefragung) für eine Verschiebung dieser Bereiche.

Um die Arbeit nun an den Computer delegieren zu können, müssen zunächst die Verteilungsfunktionen – beruhend auf den *aggregierten* Expertenmeinungen – in eine EDV-lesbare Form gebracht werden. Dies ist nötig, um die eigentliche „Simulation" zu starten. Dazu noch einmal ein Blick auf die Verteilungsfunktion zum Thema „Preis im ersten Jahr".

Man benötigt eine Darstellung, die es erlaubt, Zufallszahlen (ZZ) zwischen 0 und 1 einzusetzen und die dann „simulierte" Preise liefert.

Eine solche Darstellung ist für die erste Funktion:

$126{,}67 + 2 \cdot (143{,}33 - 126{,}67) \cdot ZZ$ für $0 \le ZZ \le 0{,}5$
$143{,}33 + 2 \cdot (151{,}67 - 143{,}33) \cdot (ZZ - 0{,}5)$ für $0{,}5 < ZZ \le 1$

oder allgemein:

$U + 2 \cdot (M - U) \cdot ZZ$ für $0 \le ZZ \le 0{,}5$
$M + 2 \cdot (O - M) \cdot (ZZ - 0{,}5)$ für $0{,}5 < ZZ \le 1$

So ergibt sich auch analytisch der simulierte Preis als:

$126{,}67 + 2 \cdot (143{,}33 - 126{,}6) \cdot 0{,}20951 = 133{,}65$

Gleichverteilte Zufallszahlen kann man übrigens Tabellenwerken entnehmen oder noch einfacher vom Computer errechnen lassen. Der besseren Nachvollziehbarkeit wegen basieren die weiteren Berechnungen auf der Tab. 5.5: Gleichverteilte Zufallszahlen".

Gleichverteilte Zufallszahlen

0,20951	0,81672	0,31792	0,26879	0,57829	0,46392	0,32672	0,78496	0,11017	0,26822
0,79328	0,12666	0,02839	0,86744	0,97018	0,33899	0,15916	0,72954	0,65940	0,08681
0,44533	0,16579	0,65415	0,37934	0,99575	0,17099	0,72976	0,81747	0,69565	0,72607
0,21014	0,07020	0,14574	0,02170	0,35305	0,86249	0,17106	0,31939	0,86539	0,93861
0,83106	0,96665	0,78311	0,14735	0,63251	0,94610	0,52785	0,66147	0,48389	0,18029
0,98643	0,80867	0,45366	0,96502	0,38342	0,11990	0,26302	0,41915	0,06440	0,04986
0,67530	0,25162	0,55553	0,90170	0,64340	0,94189	0,00920	0,22119	0,51405	0,53964
0,23987	0,68077	0,85382	0,43710	0,47279	0,43484	0,16155	0,69874	0,66301	0,55725
0,18700	0,63027	0,72366	0,96989	0,31510	0,24302	0,58312	0,93576	0,86403	0,13533
0,13323	0,04424	0,86190	0,29053	0,78137	0,09590	0,71506	0,78158	0,97553	0,55777

Quelle: Bamberg/Baur, Statistik,1985, S. 319.

Tab. 5.5: Gleichverteilte Zufallszahlen

In unserem Fallbeispiel braucht man insgesamt 10 Verteilungsfunktionen: Zwei pro Jahr; je eine für die Preis- und eine für die Absatzentwicklung, dies über 5 Jahre.

Um den *ersten* Kapitalwert berechnen zu können, müssen noch weitere 9 Simulationen erfolgen: Preise für weitere 4 Jahre und die Absätze für alle 5 Jahre. Dazu benützen Klopfer und Schwarz die Zufallszahlen der ersten Zeile der Tabelle *gleichverteilte Zufallszahlen.*

Für den ersten kompletten Simulationsdurchlaufes errechneten sich die folgenden Ergebnisse; die einzeln besprochenen Ergebnisse sind dabei kursiv gehalten:

Simulation eines ersten Kapitalwertes

Zufallszahlen für die erste Kapitalwertsimulation (erste Zeile der Zufallszahlentabelle)									
0,20951	0,81672	0,31792	0,26879	0,57829	0,46392	0,32672	0,78496	0,11017	0,26822
benötigt zur Simulation des Wertes für…									
Preis 1	Preis 2	Preis 3	Preis 3	Preis 5	Ums. 1	Ums. 2	Ums. 3	Ums. 4	Ums. 5
→ Ergebnis der Simulation für Preise und Umsätze anhand der entsprechenden Verteilungsfunktionen									
133,65	159,94	133,32	122,15	108,24	5742	9424	27035	11421	5305
→ Daraus errechnet sich der erste „simulierte" Kapitalwert als:									
$C_0(12\%) = 310827$ DM									

Tab. 5.6: Die Simulation eines ersten Kapitalwertes

Wiederholt man dieses Procedere mit dem Satz von Zufallszahlen der Tab. 5.5, kann man insgesamt 10 Kapitalwerte berechnen. Die folgende Tabelle gibt die Ergebnisse wieder:

10 Simulationsergebnisse

10 simulierte Kapitalwerte auf Basis der Zufallszahlen aus Tabelle „Zufallszahlen"									
1	2	3	4	5	6	7	8	9	10
310827	136748	1027791	-247907	907929	391068	538089	949620	1469281	914750
Der Größe nach sortiert ergibt sich:									
-247907	136748	310827	391068	538089	907929	914750	949620	1027791	1469281

Tab. 5.7: 10 simulierte Kapitalwerte

Aus den der Größe nach sortierten Kapitalwerten läßt sich ein *Chancen-Risiko-Profil* erstellen. Das ist praktisch eine *„empirische*

Verteilungsfunktion". Der kleinste simulierte Wert (-247 907) wird dabei als *untere Grenze* (sozusagen das Schlechteste was passieren kann – die Wahrscheinlichkeit schlechter zu sein ist gleich 0) gesehen, der größte Wert (1 469 281) als die *obere Grenze* (quasi das Beste was passieren kann). Die weiteren Punkte der Verteilung erhält man durch folgende Überlegung: Die (empirische) Wahrscheinlichkeit dafür, daß sich ein Kapitalwert kleiner als 136 748 ergibt, beträgt rd. 0,1 (nur eine von 10 Simulationen führt zu einem kleineren Kapitalwert), die Wahrscheinlichkeit für einen Wert größer oder gleich 136 748 rd. 0,9 (neun von 10 Simulationen führen zu einem Kapitalwert in derselben Größenordnung oder zu einem größeren) etc.

Nun führen Klopfer und Schwarz das Verfahren nicht nur 10, sondern 25 bzw. 500 Mal durch – eine typische Computeranwendung. Dabei ergibt sich mit steigender Anzahl von Simulationen ein immer „glatterer" Verlauf des Chancen-Risiko-Profils; siehe Abb. 5.7.

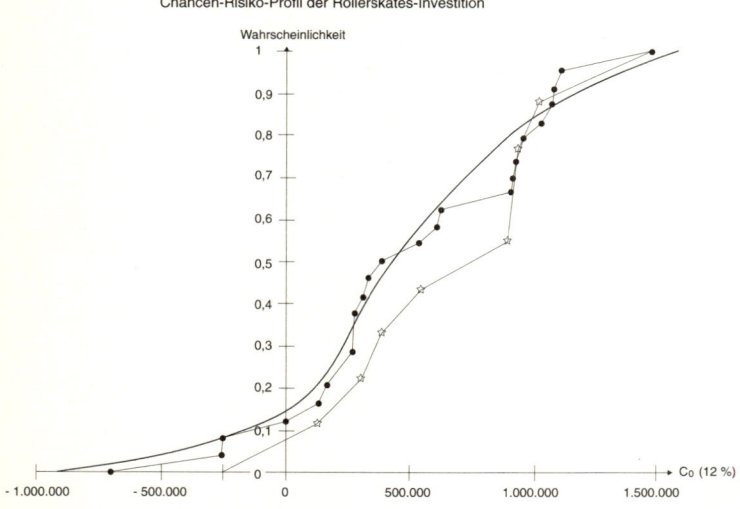

Abb. 5.7: Chancen-Risiko-Profil der „Rollerskates-Investition" bei unterschiedlich vielen Simulationen

5.1.4 Interpretation und Entscheidung

Wie können nun Schwarz und Klopfer dieses Ergebnis beurteilen? Den Inhaber Klopfer drücken dabei drei wichtige Fragen:

1. Wie groß ist die Wahrscheinlichkeit, daß das Projekt schlecht für das Unternehmen ist; d. h. einen *negativen* Kapitalwert hat?
2. Noch viel wichtiger: Wie groß ist die Wahrscheinlichkeit, daß die Existenz des Betriebes in Gefahr ist? Schwarz ist der Meinung, daß der Betrieb eine Investition mit einem Kapitalwert, der kleiner als -500 000 ist, nicht verkraftet.
3. In welchem Bereich wird der Kapitalwert am wahrscheinlichsten liegen?

Am besten sind diese Fragen anhand des Chancen-Risiko-Profils, beruhend auf den 500 Simulationen, zu beantworten. Dieses Profil kann so gelesen werden:

1. Der Schnittpunkt der Kurve mit der Ordinate (ungefähr bei 0,15) beantwortet Frage 1: Mit 15% Wahrscheinlichkeit wird sich ein Kapitalwert kleiner als 0 einstellen.
2. Für einen Kapitalwert kleiner als -500 000 ist die Wahrscheinlichkeit rd. 4%; Antwort zu Frage 2.
3. Die Wahrscheinlichkeit in einem bestimmten Bereich zu liegen ist da besonders groß, wo die Chancen-Risiko-Kurve *besonders steil* ist. So konzentriert sich in einem Bereich des erwarteten Kapitalwertes von rd. 96 800 bis 681 000 eine Wahrscheinlichkeit von rd. 50%; obwohl insgesamt Kapitalwerte von -920 635 bis + 1 588 710 simuliert wurden. Somit ist auch Frage 3 beantwortet.

Einige Anmerkungen müssen zu diesem Ergebnis schon noch gemacht werden:

> Alle Aussagen gelten natürlich nur auf Basis der durchgeführten Simulationen und damit auf Basis der expliziten und impliziten Annahmen des Verfahrens. Die expliziten Annahmen sind insbesondere, daß die *Expertenmeinungen einigermaßen realistisch* sind. Eine *implizite Annahme* ist jedoch mindestens genauso wichtig; nämlich daß *Preise und Mengen* sowohl in einer Periode als auch in aufeinanderfolgenden Perioden *voneinander unabhängig* sind.

Praktisch alle Simulationen arbeiten mit dieser wenig wirklichkeitsnahen Annahme der Unabhängigkeit der Variablen. Dies des-

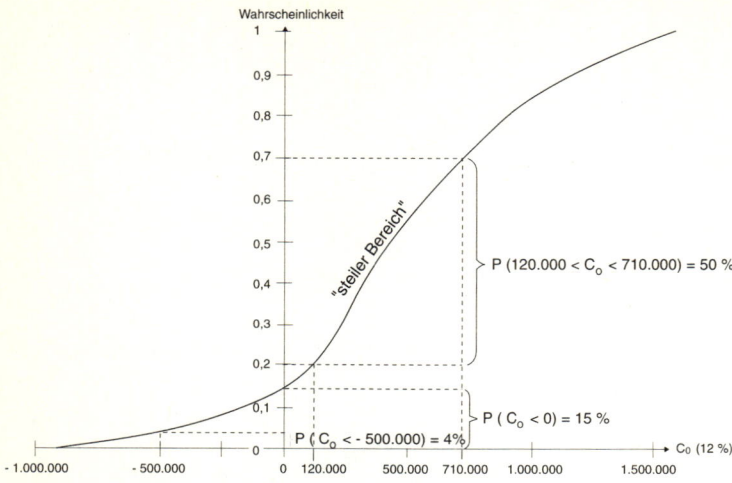

Abb. 5.8: Interpretation des Chancen Risiko-Profils der Rollerskates-
Investition

halb, da die Bestimmung potentieller künftiger Abhängigkeiten sehr
schwierig zu bestimmen ist.

5.2 Wie bestimmt man den Kalkulationszinssatz, respektive die Kapitalkosten?

Bisher ist bei der Berechnung der Kapitalwerte immer stillschwei-
gend von einem Diskontierungszinssatz von 12% ausgegangen worden. Dieser Zinssatz sollte – und das ist eine sehr wichtige Forderung
– identisch mit den Kapitalkosten des Unternehmens sein.

Kapitalkosten sind die Zahlungen, die der Kreis der Kapitalgeber im
Schnitt *erwartet bzw. fordert*; nicht nur die Zahlungen, auf die ein ver-
tragliches Recht besteht! Die *Erwartungen* bzw. *Forderungen* sind deshalb wichtig, weil davon auszugehen ist, daß Geldgeber, deren Erwartungen öfter enttäuscht werden, ihr Geld abziehen bzw. kein neues Geld zur
Verfügung stellen.

Wo stecken die Schwierigkeiten?

1. *Für große Teile* des im Unternehmen tätigen Kapitals ist explizit *kein Zins* für die Zurverfügungstellung *vereinbart* worden. Das gilt insbesondere für
   - Eigenkapital und
   - (Pensions-)Rückstellungen
2. Es ist gar nicht so einfach abzuschätzen, wieviel Kapital in einem Unternehmen steckt: Die Bilanz *verschleiert* hier eher: Sie weist zwar viele richtige Positionen, teilweise aber mit den falschen Werten auf.

Im Abschnitt 3.6 über den Shareholder Value und die Unternehmenswertsteigerung wurde schon über die Renditen diskutiert, die Eigenkapitalgeber im Schnitt empfangen bzw. empfangen haben. Für die Zeit nach dem Krieg wurde eine durchschnittliche (geometrische) Rendite von *11,83%* berechnet. Dies ist als eine *Renditeforderung der Eigenkapitalgeber* von rd. 12% für Beteiligungen an durchschnittlich riskanten Unternehmen zu interpretieren.[72]

Die Bestimmung der Eigenkapitalkosten mit Hilfe des Capital Asset Pricing Model (CAPM)

Allerdings handelt es sich bei diesen 12% um eine *Durchschnittsrendite* vieler Unternehmen. Finanzierungsfachleute gehen aber davon aus, daß ein systematischer Zusammenhang zwischen dem Risiko eines Unternehmens und der geforderten Rendite besteht. Das Modell, das zu dieser Frage in der Praxis am meisten Beachtung gefunden hat, ist das sogenannte *Capital Asset Pricing Model* (CAPM) von Sharpe/Lintner. Sharpe und Markowitz (letzterer hat erhebliche Vorarbeiten geleistet) erhielten u. a. für ihre Beiträge im Zusammenhang mit der Entwicklung dieses Modells 1990 den Nobelpreis für Wirtschaftswissenschaften.

Das Modell leitet einen linearen Zusammenhang zwischen dem Risiko eines Unternehmens und seinen Eigenkapitalkosten, d. h. der impliziten Verzinsungsforderung der Eigenkapitalgeber, ab.

---

72 Auf dem amerikanischen, dem größten und wahrscheinlich wichtigsten westlichen Aktienmarkt, kann eine Rendite in ähnlicher Größenordnung beobachtet werden.

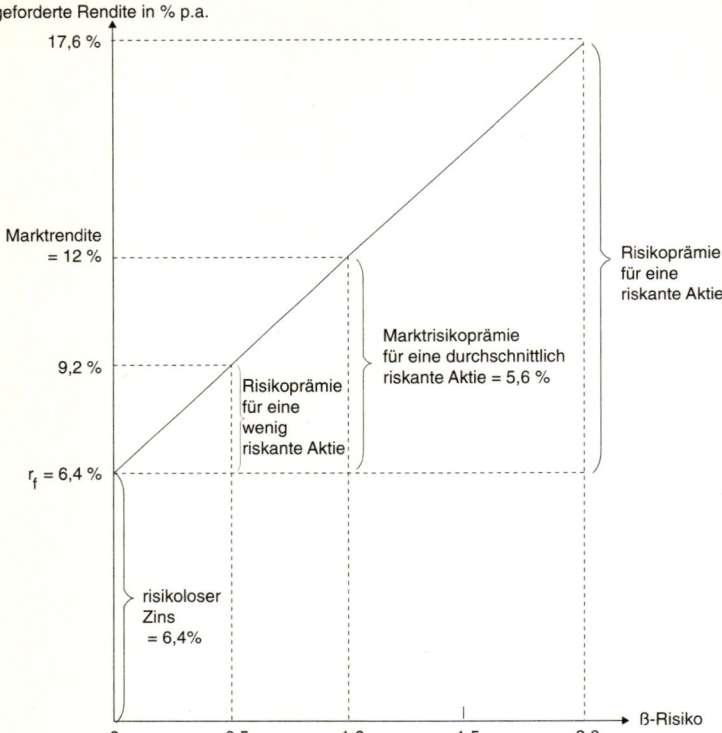

Abb. 5.9: Das CAPM: Zusammenhang von Risiko und geforderter Eigenkapitalrendite

Was genau heißt „Risiko" und wie ist es zu messen?
Nach herrschender Meinung ist *nicht* das *absolute* Risiko einer Geldanlage (also auch von Investitionen in Produktionsanlagen oder Knowhow) relevant (also die absolute erwartete Wertänderung nach oben und unten) sondern der Risikobeitrag (Beitrag zur Schwankung), den die einzelne Wertanlage zur Wertschwankung eines ganzen Bündels (in der Sprache der Finanzierer: eines „Portefeuilles") verschiedenster Geldanlagen hat. Dieses Risiko heißt *nicht-diversifizierbare" oder systematisches Risiko* und wird kurz als *β-Risiko* bezeichnet.

Noch einmal zur Verdeutlichung: Es ist deswegen nur der Beitrag zu Schwankung wichtig, *weil rationale Investoren nie ihr Vermögen in eine einzelne Anlage investieren, sondern immer breit streuen.*[73] Diese Forderung kann leicht illustriert werden, wenn man z. B. die durchschnittliche Standardabweichung (Wertstreuung in %) einer Aktie der Wertstreuung eines Aktienportefeuilles gegenüberstellt. Der sich einstellende Effekt heißt *Diversifikationseffekt.*

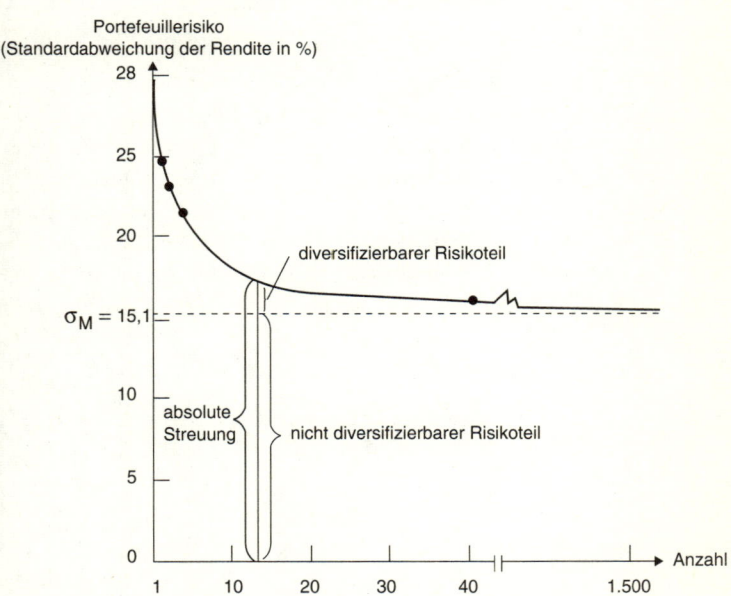

Abb. 5.10: Der Diversifikationseffekt

---

73 Theoretisch investieren rationale Anleger in ein sogenanntes „Marktportefeuille". Dieses besteht aus allen Geldanlageformen (Aktien, Immobilien, Rohstoffe,…) und zwar immer im Verhältnis des jeweiligen Marktwerts einer Anlage zum Marktwert aller Anlagen. Bei Großanlegern kann ein ähnliches Verhalten durchaus beobachtet werden.

Den Risikobeitrag einer Wertanlage (d. h. das β-Risiko z. B. einer Aktie) zu einem Portefeuille ist nichts anderes als der Grad der *Mitschwankung* der Einzelanlage gemessen an der Schwankung des Portefeuilles:

$$\beta\text{-Risiko} = \frac{\text{Kovarianz zwischen Rendite der Einzelanlage und Portefeuillerendite}}{\text{Varianz der Portefeuillerendite}}$$

Diese Formel ist so aufgebaut, daß sich für eine durchschnittlich riskante Firma ein β von 1 ergibt. β-Werte größer 1 weisen auf riskantere Anlagen, β-Werte kleiner 1 auf weniger riskante Anlagen hin.

Für größere Gesellschaften wird das β-Risiko täglich neu berechnet und z. B. im Handelsblatt veröffentlicht.

Für börsennotierte Unternehmen ist also die Berechnung des β-Risikos (und damit indirekt auch die der EK-Kosten) entweder schon gemacht oder leicht selbst bestimmbar. Schwieriger ist es bei den Eigenkapitalkosten nicht-börsennotierter Unternehmen. Hier hilft eigentlich nur zu schauen, ob ein vom Unternehmensziel gleiches (oder zumindest vergleichbares) Unternehmen an der Börse gehandelt wird. Im äußersten Notfall behilft man sich und unterstellt

Unternehmen	Volatilität (% p.a.)	β-Risiko	EK-Kosten (% p.a.)[1]
Allianz	20,69	1,04	12,22
BASF	25,67	1,38	14,13
BMW	22,89	0,98	11,89
Deutsche Bank	17,91	0,90	11,44
Daimler Benz	20,94	1,08	12,45
Karstadt	22,47	0,65	10.04
Lufthansa	26,04	0,97	11,83
SAP	41,30	1,41	14,30
Siemens	18,53	0,77	10,71
Thyssen	25,97	0,60	9,76
VW	24,08	0,94	11,66

[1] Berechnet unter der Annahme der Gültigkeit des CAPM
Quelle: Handelsblatt vom 24. 4. 1997 und eigene Berechnungen (EK-Kosten)

Tab. 5.8: Streuung, β-Risiko und Eigenkapitalkosten großer deutscher Unternehmen

einfach ein durchschnittliches β-Risiko, d. h. eines von 1, das zu Eigenkapitalkosten von rd. 12% führt.

Jetzt gilt es aufzupassen: Die Kosten des Eigenkapitals braucht man, um den Diskontsatz zu berechnen. Dazu genügen aber die Eigenkapitalkosten nicht – man muß zusätzlich auch die Kosten für das Nicht-Eigenkapital; d. h. das Fremdkapital bestimmen. Kennt man diese, kann man sogenannte *gewichtete Kapitalkosten* berechnen – und diese sind dann identisch mit dem Diskontsatz. Zu den gewichteten Kapitalkosten sagt man auch *Gesamtkapitalkosten*: außerdem hat sich mittlerweile der angelsächsische Begriff der "*WACC*", der "<u>w</u>eighted <u>a</u>veraged <u>c</u>ost of <u>c</u>apital" eingebürgert.

Die Kosten des Fremdkapitals

Um überhaupt zu wissen, wer außer den Eigentümern noch Geldmittel dem Unternehmen zur Verfügung gestellt hat, genügt ein Blick in die Bilanz.[74] Man findet als wesentliche Positionen:
- Verbindlichkeiten wie Bankkredite oder Schulden bei Lieferanten
- Rückstellungen wie Pensions- oder Gewährleistungsrückstellungen

Für die Bankkredite und Lieferantenverbindlichkeiten sind die Kapitalkosten einfach bestimmbar – oftmals rechnet man pauschal mit rd. 8% – bei relativ guten Unternehmen.[75]

Allerdings sind die Fremdkapitalkosten (natürlich) abhängig vom Risiko, dem der Fremdkapitalgeber ausgesetzt ist, dem *Bonitätsrisiko*. In Deutschland, wo die Banken die Hauptkreditgeber sind, erstellt jede Bank ein Risikoprofil ihres (Groß-) Kunden. In angelsächsischen Ländern wird das Fremdkapital häufig via Anleihen am Markt aufgenommen – ähnlich wie sich bei uns der Staat durch Staatsanleihen Geld besorgt. Da nicht jeder Anleihenkäufer eine Bonitätsprüfung des emittierenden Unternehmens (oder auch Staates) durchführen kann, wird dieser Service von großen Bewertungsgesellschaften durchgeführt. Die bekanntesten sind *Moody's Investor Services* und *Standard and Poors*.

---

74 Eine wichtige Fremdkapital-ähnliche Position steht oft nicht in der Bilanz: Die Verpflichtungen aus Leasingverträgen! Sie müssem ggf. extra berücksichtigt werden.

75 Obwohl Lieferantenkredite i.a. wesentlich teurer sind – dafür ist aber ihr Umfang oft nicht ausschlaggebend.

So wird z. B. von Moody's die Bonität der Schuldner langfristiger Anleihen untersucht und von „AAA" (=exceptional financial security) bis „C" („can be regarded as having extremely poor prospects of ever attaining any real investment standing") eingeteilt.

Zwischen dem Rating und den zu zahlenden Zinsen herrscht ein enger Zusammenhang:

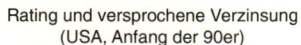

Rating und versprochene Verzinsung
(USA, Anfang der 90er)

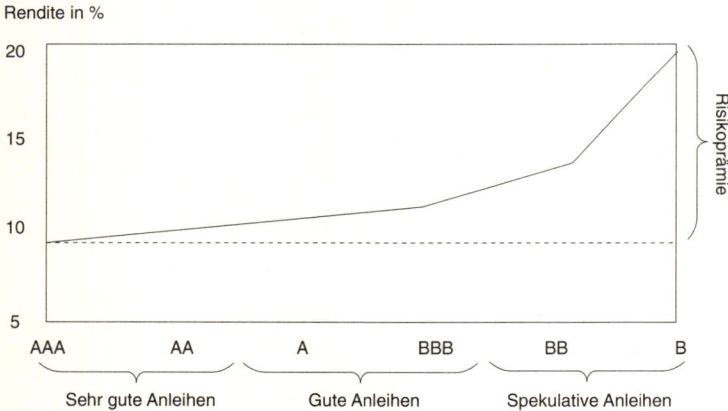

Abb. 5.11: Rating und (versprochene) Verzinsung

Industrieratings

Unternehmen	S&P-Rating
Siemens, General Electric, Toyota	AAA
Boeing, Mitsubishi, Toyota	AA
Daimler Benz, VW, Ford	A +
Peugeot, Chrysler, Honda	A -
Nissan	BBB

Tab. 5.9: Beispiele für Industrie-Ratings (Stand: Juli 1996)

Für einen Nichtökonomen schwer vorstellbar ist jedoch, daß auch z. B. Pensionsrückstellungen Fremdkapitalcharakter haben:

Das Unternehmen hat die Verpflichtung, Pensionen zu zahlen – ebenso wie die Verpflichtung einen Kredit zurückzuzahlen besteht! Man kennt lediglich den exakten Betrag, den ein jetzt aktiver Mitarbeiter dem Unternehmen sozusagen bis zu seiner Pensionierung *leiht*, noch nicht – ähnlich wie bei Gewährleistungen.

> Fremdkapital sind Ansprüche, die Nichteigentümer an die Unternehmen haben. Das können
> • Banken, aber auch
> • Lieferanten,
> • Mitarbeiter (künftige Pensionen) und
> • Kunden (Ansprüche auf Gewährleistungen etc.) sein.

Nachdem die in der Bilanz ausgewiesenen Pensionsrückstellungen die mit 6% abgezinsten erwarteten Pensionszahlungen sind (allerdings ohne evtl. Wachstum der Pensionsansprüche), ist es zumindest annähernd korrekt, auch hier von Kapitalkosten von rd. 8% auszugehen.

Das Ergebnis: Die gewichteten Kapitalkosten

Die Formel zur Berechnung der gewichteten Kapitalkosten ist einfach: Die Gewichtung der jeweiligen Kosten erfolgt nach Anteil der Kapitalart am Gesamtkapital:

$$\text{Gesamtkapitalkosten (WACC)} = \frac{EK_{MW}}{GK_{MW}} \cdot r_{EK} + \frac{FK_{MW}}{GK_{MW}} \cdot r_{FK}$$

Sehr wichtig ist bei dieser Formel, daß immer die *Marktwerte des Kapitals* eingesetzt werden müssen – also ganz anders als beispielsweise bei *traditionellen* Renditekennziffern (in die gehen Bilanzwerte, d. h. Buchwerte ein!).

EK_{MW}	Marktwert Eigenkapital = Anzahl Aktien * Kurs oder Verkaufspreis des Unternehmens
FK_{MW}	Marktwert Fremdkapital, approx. durch Buchwerte
GK_{MW}	Marktwert Gesamtkapital = EKMW + FKMW
r_{EK}	Renditeforderung der Eigentümer, oft aus CAPM
r_{FK}	Renditeanspruch der Fremdkapitalgeber, aus Verträgen und/oder Kapitalmarktbeobachtungen

Tab. 5.10: Eingangsdaten zur Berechnung durchschnittlicher Kapitalkosten

5.3 Beispiel: Die Gesamtkapitalkosten der Scholz Grauguß AG

Wie hoch sind die durchschnittlichen Kapitalkosten der Scholz-Grauguß?

Zunächst zum Eigenkapital:

Bezüglich des Marktwertes des Eigenkapitals: Kaufangebot über DM 900 000 liegt vor.[76] Der Inhaber glaubt an ein eher niedriges β-Risiko und argumentiert mit dem ß der Firma Thyssen; er schätzt es auf etwa 0,8–0,9. Damit ergäben sich Eigenkapitalkosten in Höhe von etwa 11%.

Marktwert Fremdkapital: Kann approximiert werden durch den Buchwert des Fremdkapitals; damit DM 2 430 000.[77] Die Fremdkapitalzinsen genauso niedrig wie die führender Unternehmen (aktuell 6–7%) zu sehen, wäre nach Ansicht des Inhabers vermessen; er geht daher von Fremdkapitalkosten in der Größenordnung von 8% aus.

Damit ergeben sich seine Gesamtkapitalkosten als:

Gesamtkapitalkosten von Scholz-Grauguß =

$$\frac{900\,000}{900\,000 + 2\,430\,000} \cdot 11\% + \frac{2\,430\,000}{900\,000 + 2\,430\,000} \cdot 8\% = 8{,}81\%$$

Die Mathematik in diesem Beispiel ist korrekt. Dennoch erscheinen Kapitalkosten in Höhe von 8,81% eher als gering – was nicht heißen soll, daß die Größenordnung des Ergebnisses prinzipiell unvernünftig ist. [78]

Achtung: Dieses Prozentsatz ist

1. ein nominaler Prozentsatz (beinhaltet also Inflation!) und
2. ein sog. Vor-Steuer-Zinssatz.

Damit dürfen mit diesem Zinssatz nur nominale Zahlungen vor Steuerzahlungen abdiskontiert werden!

Eine Besonderheit gilt es jedoch noch zu beachten – und das ist der *Einfluß des Verschuldungsgrades* auf die Kapitalkosten.

---

76 Dieses noch unter dem Buchwert des Eigenkapitals liegende Angebot kann z. B. mit dem geringen CFROI begründet werden.

77 Das ist das Ergebnis aus Buchwert Gesamtkapital (= Bilanzsumme von 4 000 000) abzüglich Buchwert des Eigenkapitals (= 1 570 000). Damit „bleibt" der Buchwert des Fremdkapitals.

78 Vgl. für „echte", d. h. empirisch ermittelte Kapitalkosten Abschnitt 5.5.

5.4 Die Frage nach dem optimalen Verschuldungsgrad

Beobachtet man die Finanzierung von Unternehmen, sieht man, daß praktisch keines nur mit Eigenkapital oder nur mit Fremdkapital finanziert ist. *Ein gewisser Mix ist die Normalität.*

Dies liegt nur teilweise daran, daß Banken nicht gewillt sind, reine Fremdkapitalfinanzierungen zu tätigen oder daß etwa nicht genug Eigenkapital vorhanden wäre, um eine reine Eigenkapitalfinanzierung durchzuführen.

Der zentrale Punkt dieser Mischfinanzierung basiert auf der Annahme, daß die Kosten für ein bestimmtes Kapitalvolumen mit seinem *Finanzierungsmix* zusammenhängen. Der Ökonom spricht vom *optimalen Verschuldungsgrad*. Das Schaubild skizziert den unterstellten Zusammenhang.

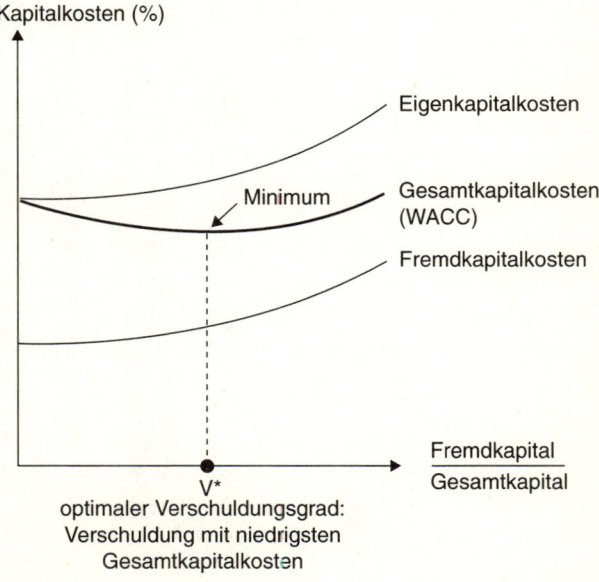

Abb. 5.12: Optimaler Verschuldungsgrad = minimale Kapitalkosten.

Betrachtet man die Cash-flows vor Finanzierungskosten, so erkennt man, daß *niedrigere Kapitalkosten* zu einer geringeren Diskontierung der Cash-flows führen und damit *den Unternehmenswert steigern.* Und im Rahmen des Shareholder Value-Konzeptes bzw. der wertorientierten Unternehmensführung sollte deutlich werden, daß die Maximierung des Unternehmswertes die oberste Prämisse darstellt!

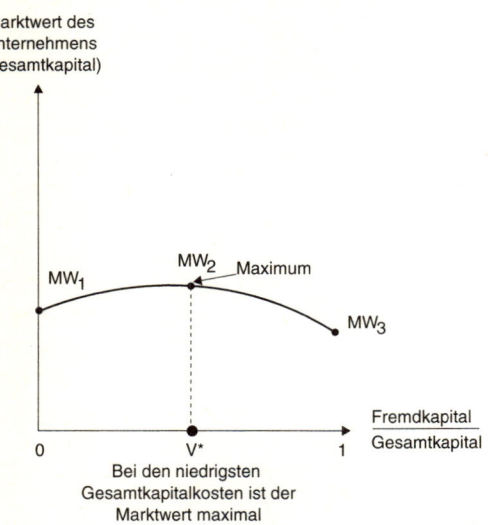

MW$_1$: Gesamtkapitalmarktwert eines nur mit Eigenkapital finanzierten Unternehmens

MW$_2$: Gesamtkapitalmarktwert eines mit Eigen- und Fremdkapital finanzierten Unternehmens

MW$_3$: Gesamtkapitalmarktwert eines nur mit Fremdkapital finanzierten Unternehmens

Abb. 5.13: Minimale Kapitalkosten = maximaler Unternehmenswert

Was ist „optimal"?

Wieviel Prozent Eigenkapital und wieviel Prozent Fremdkapital soll nun ein Unternehmen haben? Die Theorie gibt keine einfache und endgültige Antwort auf diese Frage.[79] Sicher ist lediglich, daß es

---

79 Das Spektrum der Antworten reicht von „optimal ist eine reine Eigenfinanzierung" bis zu „optimal ist die reine Fremdfinanzierung".

eine Antwort auf *Basis von Marktwerten* – nie also auf Basis von Bilanz- oder Buchwerten – ist.

Es ist aufschlußreich, noch einmal in die Seite 60 zu schauen: Dort sind die Eigenkapitalquoten deutscher Aktiengesellschaften gezeigt. Relevant ist die Kurve auf Basis der Marktwerte. Sie bewegt sich um die 50%. Daher kann davon ausgegangen werden, daß diese 50% im langfristigen Schnitt von den im Rampenlicht des Kapitalmarktes stehenden Firmen als Zielstruktur gesehen werden.

Exkurs: Die Kapitalkosten von Daimler-Benz

Einen in diese Richtung gehenden Hinweis gibt auch Daimler-Benz. Der Vorstandsvorsitzende Schrempp untersucht die Geschäftsfelder darauf, ob diese eine *Kapitalrendite von mindestens 12%* erreichen können. Diese 12% sind die (erwarteten) Kapitalkosten des Konzerns und ergeben sich wie folgt:

$$\text{Gesamtkapitalkosten von Daimler-Benz} = \frac{2}{3} \cdot 14\% + \frac{1}{3} \cdot 8\% = 12\%$$

Aus dieser Darstellung ist an Information zu holen:

1. Daimler-Benz strebt eine Kapitalstruktur (zu Marktwerten!) von 2/3 Eigen- und 1/3 Fremdkapital an – das ist ein grundsolides Ziel, wie es vielleicht auch einem deutschen Vorzeigeunternehmen ansteht.

2. Daimler-Benz rechnet mit Eigenkapitalkosten von 14%. Unter Zugrundelegung des CAPM bestimmt Daimler-Benz eine erste geforderte Eigenkapitalverzinsung von 12%, korrigiert diesen Satz aber dann um die Gewerbeertragssteuer und kommt so schließlich zu 14%.[80]

3. Daimler-Benz rechnet mit Fremdkapitalkosten von 8%. Sie gehen dabei von einem Rating von A+ und entsprechenden durchschnittlichen Zinszahlungen von 7,5% aus; zuzüglich 0,5% Kapitalbeschaffungskosten.

---

80 Das CAPM ist in der Regel in einer Vor-Steuer-Form dargestellt; entsprechend sind es erwartete Vor-Steuer-Renditen, die aus ihm zu entnehmen sind. Damit Daimler-Benz dem Anleger eine Vor-Steuer-Rendite von 12% zahlen kann, müssen intern – vor Gewerbesteuer – 14% verdient werden. Die von Daimler-Benz gezahlte Körperschaftssteuer kann der Anleger auf seine eigene Steuer anrechnen.

Diskontsatz (%)	< 5	5–6	7–8	9–10	11–12
Anzahl[1]	3	19	59	37	5
Diskontsatz (%)	13–14	15–20	20–25	> 25	∅
Anzahl	6	15	3	2	9,6%

[1] Basis sind 149 Unternehmen der „alten Bundesländer". Quelle: Wehrle-Streif, 1989.

Tab. 5.11: Mit welchen Diskontierungszinssätzen arbeiten deutsche Unternehmen?

Diese Darstellung ist außergewöhnlich detailliert und könnte Vorbildcharakter auch für andere Unternehmen haben.

Allerdings ist das Ergebnis in der Größenordnung von Diskontsätzen, die auch viele andere Unternehmen verwenden. Das *besondere* des Daimler-Benz-Satzes liegt in seiner präzisen Darstellung der Ableitung.

Der am häufigsten vorkommende Diskontsatz ist übrigens 10%, der durchschnittliche Satz beträgt 9,6%. Allerdings geht das Gros der Unternehmen (56%) bei der Berechnung des Diskontfaktors fälschlicherweise von den Fremdkapitalzinsen aus! Hier drückt sich die (veraltete) buchhalterische Ansicht aus, daß Eigenkapital quasi „kostenlos" zur Verfügung steht.

5.5 Kapitalkosten in Deutschland: Empirische Ergebnisse

Erst seit Beginn der 90-er Jahre beschäftigt man sich mit der Berechnung der durchschnittlichen Kapitalkosten von wissenschaftlicher Seite.

Eine der jüngsten Studien bestimmt die WACC deutscher Unternehmen mit im Durchschnitt rd. 10%. Dabei handelt es sich um dieselbe Art von Kapitalkosten, die auch in diesem Buch gewählt wurde, d. h. *vor Steuern* und mit Berücksichtigung der *Inflation*. Die Übereinstimmung mit dem am häufigsten verwandten Diskontsatz (ebenfalls 10%) ist frappierend![81] Differenziert nach Branchen ergibt sich folgendes Bild:

---

81 Wahrscheinlich ist die Übereinstimmung zufälliger Natur.

Gesamtkapitalkosten (WACC) in verschiedenen Branchen

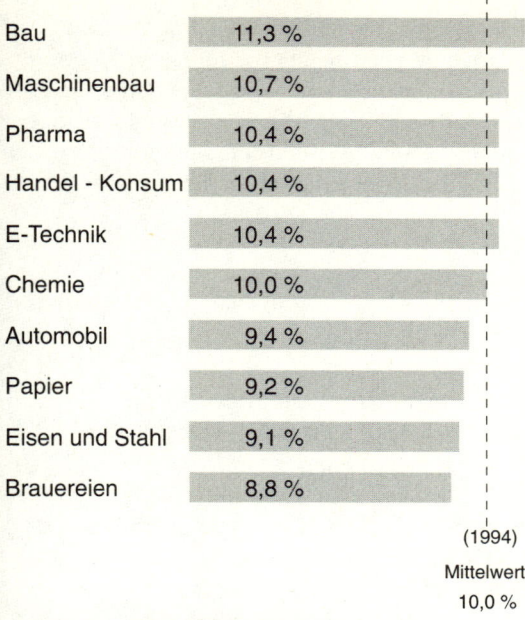

Bau	11,3 %
Maschinenbau	10,7 %
Pharma	10,4 %
Handel - Konsum	10,4 %
E-Technik	10,4 %
Chemie	10,0 %
Automobil	9,4 %
Papier	9,2 %
Eisen und Stahl	9,1 %
Brauereien	8,8 %

(1994)

Mittelwert:
10,0 %

Quelle: Richter/Simon-Kenenhof (1996)
Von 1987 bis 1994 betragen die Gesamtkapitalkosten
im Schnitt 10,2 %

Abb. 5.14: Gesamtkapitalkosten in verschiedenen Branchen

Dieses Ergebnis wird unterstützt von Lewis/Stelter (1993), die Kapitalkosten zwischen 10 und 11% bestimmen. Bühner (1993) berechnet hingegen einen Gesamtkapitalkostensatz von nur 5,5%. Die Wahrheit könnte evtl. dazwischen liegen. Wahrscheinlich macht man keine Fehler mit schwerwiegenden Konsequenzen, wenn man mit Kapitalkosten zwischen 8 und 12% kalkuliert.

5.6 Investitionsbeurteilung und Risikoabschätzung ist mehr: Zum Abschluß eine Checkliste

Zum Abschluß der Investitions- und Risikobetrachtungen weist Schwarz seinen Chef noch darauf hin, daß die zahlenorientierte Beurteilung von Investitionsprojekten sicher nicht alle Aspekte erfaßt. Das läge einfach daran, daß nicht jeder Aspekt streng quantifizierbar sei. Daher solle man immer zusätzlich noch eine Liste mit sinnvollen Fragen durchgehen. Eine Basis für solch eine Liste könnte so ausschauen:

1. technische Beurteilung
2. menschliche Komponente
3. Knock-out Kriterien

Schritt 1:
Das (technische) Leistungsheft für neue Anlagen; z. B.
- Welche Menge soll in welcher Zeit erledigt werden?
- Wie groß darf die Anlage höchstens sein?
- Wieviel Bedienpersonal darf die Anlage benötigen?
- Erwartung bzw. Anspruch an die Zuverlässigkeit der Technik
- Kompatibilität mit den vorhandenen Anlagen
    - Zuverlässigkeit des Lieferanten und des Wartungsteams
    - Lieferzeit der Anlage – mit welcher Zuverlässigkeit?
    - Ersatzteilversorgung sichergestellt?
    - Betriebsstoffversorgung sichergestellt?

Einen weiteren Bereich umfassen nicht-technische Eigenschaften. Sie werden gerne vergessen oder als minder wichtig erachtet. Das kann teils fatale Fehlentscheidungen nach sich ziehen. Ein unzuverlässiger Wartungsservice kann z. B. die gesamte Produktion ins Stocken bringen!

Schritt 2: Die menschliche Komponente
- Wurden Vergleichsangebote eingeholt oder kauft man z. B. aus Tradition bei einem bestimmten Lieferanten?
- Wird die Investition von jemandem mit starker Persönlichkeit oder starkem Einfluß gepusht? Warum? Mit welchen Konsequenzen?
- Gibt es ungeschriebene Gesetze, die ohne weiteres Nachdenken erfüllt werden?

- Zuverlässige Ansprechpartner beim Lieferanten?
- Erscheint das Lieferunternehmen als überlebensfähig?

Bei Lieferantenwechsel:

- Wie reagiert der (die) Altlieferant(en)?
- Ist die Wartung der bei ihm (ihnen) gekauften Anlagen noch gesichert?
- Wie oft wurde(n) die ins Auge gefaßte(n) Anlage(n) bereits verkauft?
- Sind größere Ein- oder Umschulungen des Bedien- und des Verkaufspersonals erforderlich?

Schritt 3: Gibt es Knock-out-Kriterien?

- Paßt das Vorhaben ins strategische Gesamtkonzept?
- Gefährdet es die Existenz des Betriebes auf irgendeine Weise besonders?

Im konkreten Fall kann die Rollerskates-Idee zwar von der reinen *Zahlenseite* positiv gesehen werden. Von der eher strategischen Seite ist das Konzept nur bei Vorliegen einer klaren Diversifikationsstrategie zu empfehlen. Aber auch wenn Klopfer so eine Strategie verfolgt, sollte er überlegen, ob es nicht Möglichkeiten in seinem angestammten Bereich gibt. So käme z. B. eine zusätzliche Orientierung im Bereich Heimwerker/Do-it-yourself in Frage. Auch hier scheint eine Abkoppelung von der *normalen* Baukonjunktur möglich; verbunden mit dem Vorteil größeren Know-hows von Seiten des vorhandenen Personals. Solchen *strategischen Fragestellungen* ist das letzte Kapitel gewidmet.

6. Strategisches Management: Was ist für die Zukunft zu tun?

Der Focus dieses letzten Kapitels ist die *Zukunft* von Unternehmen. Bislang ging es um das *tägliche "Überleben"* und die Messung und Steuerung des *aktuellen Erfolges*. Jetzt steht die *langfristige Existenzsicherung*, d. h. Vorkehrungen, um Liquidität und Erfolg auch in Zukunft zu sichern, im Zentrum. Dieser Notwendigkeit ist man sich freilich schon lange bewußt; man nennt die damit verbundenen Führungsaufgaben *"Management"*

6.1 Managementphilosophien: Wie führt man Unternehmen langfristig erfolgreich?

„Management" bedeutet in kurzen Worten: „Wie organisiert man den Betrieb, wie führt man die Belegschaft und wie stellt man die Weichen so, daß das Unternehmen sich entwickelt, wie die Zielgrößen es fordern?"

Im operativen Bereich wurde bereits der Wertewandel weg von der bilanzorientierten Steuerung hin zu einer cash-flow-orientierten Steuerung verdeutlicht. Das ist nur ein Beispiel dafür, daß in dem Maß, wie sich neue Erkenntnisse über wirtschaftliche Zusammenhänge ergeben, Markt- und Wettbewerbskonstellationen ändern, gesellschaftliche Umbrüche stattfinden oder einfach Managementmoden kommen und gehen, sich auch das Managementverhalten ändert.

Typisch ist, daß besonders bewährte Teile „alter" Managementphilosophien Bestandteile der „Nachfolger" werden. Allerdings gerät dabei schon mal das eine oder andere in Vergessenheit oder wird vernachlässigt, um dann bisweilen als „Innovation" wieder modern zu werden. Daher sollte man einen kleinen Einblick über wesentliche Management-Methoden haben.

Das Management unterliegt ständiger Veränderung

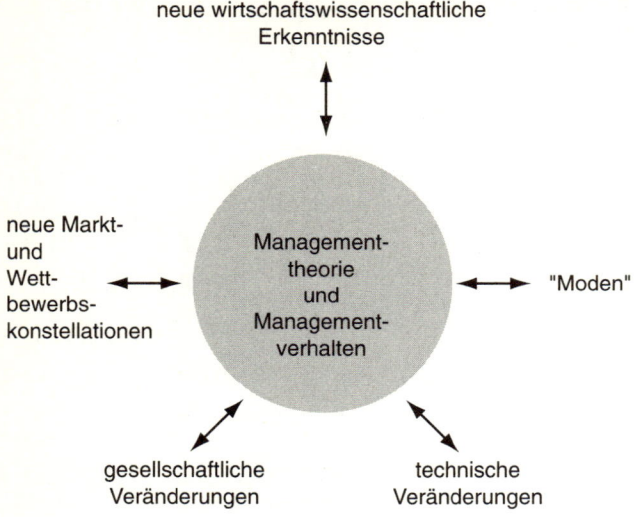

Abb. 6.1: Das Management unterliegt ständiger Veränderung

Die „Klassiker"

Fayol (1841–1925) ist sozusagen der Vater der klassischen Managementschule. Bekannt wurde er durch die Identifikation *universeller Managementwahrheiten*. Zu den wichtigsten gehört eine zentrale Organisation mit eindeutigen Befehlslinien, Autorität, Entschlußkraft und Disziplin, Unterordnung individueller Interessen unter das Unternehmensinteresse, Arbeitsteilung und – vielleicht überraschend – das Wecken von „Esprit de Corps", also Chorgeist oder, moderner audgedrückt: Unternehmensidentifikation, Wir-Gefühl und Teamgeist.

Sozusagen der technisch-orientierte „Übersetzer" und einer der ersten „Managementgurus" war Taylor (1856 – 1915). Seine These: Den Arbeitern müsse genau vorgegeben werden, auf welche Weise, mit welchen Körperbewegungen, in welchen Arbeitsabschnitten die Arbeit auszuführen sei. Diese „Feinst"-Organisation, die er selbst *wissenschaftliche Betriebsführung* nannte, erhöhe die Arbeitsmenge und entsprechend den Gewinn. Taylor wandte seine Idee erstmals bei Bethlehem Steel in der Zeit um die Jahrhundertwende an; die Verladeleistung eines Stahlarbeiters erhöhte sich dadurch von 12,5 Tonnen pro Tag auf 47 Tonnen, eine Produktivitätssteigerung von über 250%! Der große Durchbruch gelang dem Konzept bei Henry Ford in Form der Fließbandfertigung. Die Idee einer extremen *Standardisierung des Arbeitsprozess*es findet man heute noch in jeder Do-it-yourself-Anleitung.

Ein wichtiges Marktcharakteristikum zur Blütezeit des Taylorismus war, daß es sich um einen *Herstellermarkt* handelte; d. h. einen Markt, in dem Produzenten und Verkäufer eine vergleichsweise hohe, Kunden hingegen eine vergleichsweise geringe Macht hatten.

Kennzeichen des Herstellermarktes

- Taylorismus (=*Fordismus*)
- Massenfertigung
- starre Automatisierung
- hohe Kapazitätsauslastung
- Konzentration auf die physischen Fähigkeiten der Arbeiter

Moderne Managementvorstellungen

Im Prinzip funktionierten diese Managementphilosphien gut in *Verkäufermärkten*, also in Märkten, in denen Kunden und ihre Wünsche noch vergleichsweise wenig wichtig waren. Man konnte auch so (fast) alles verkaufen. Wer kennt nicht Henry Fords Spruch „Meine Kunden können meine Autos in jeder Farbe haben, solange es schwarz ist"? Die Änderung des Umfelds zu einem *Käufermarkt* (je nach Branche etwa ab den 60-er Jahren) zwang zu neuen, flexibleren Managementdirektiven.[82] Viele sehen in Druckers und Humbles Vorstellungen den Beginn des „modernen" Managements. Ihr Schlagwort lautete: *Management by Objectives* – das heißt Führen mit Zielvorgaben verbunden mit einer relativen Freiheit bei der Er-

---

82 Was als *Marketing* bekannt ist, ist ebenfalls erst ein Produkt dieser Zeit!

reichung dieser Vorgaben. Im Hintergrund steht aber immer noch eine „klassische" Organisation, die plant, überwacht und kontrolliert und gegebenenfalls eingreift.

Während also vorher der Arbeitsprozeß standardisiert wurde, wird jetzt das Ergebnis standardisiert. Besonders fällt dies im Qualitätsmanagement unserer Tage auf – ein Beispiel ist die ISO 9000 f.

   Kennzeichen des Käufermarktes
- Kundenorientierung
- Individuum
- Variantenreichtum
- Speziallösungen
- schnelle Technologiezyklen
- viele Innovationen

Vom Management zum strategischen Management

   In die sich nun immer schneller wandelnden Märkte, in denen nach wie vor die alten Fragen „Wo sind wir jetzt?", „Wo wollen oder sollten wir sein?", „Wie kommen wir dorthin?" gestellt wurden, brachte Bruce Henderson ab den späten 60-er Jahren mehr Licht. Bis dato war strategische Planung – d. h. elementare Unternehmensentscheidungen wie Aufkauf eines Unternehmens, Schließen einer Fabrik, Launch eines neuen Produktes – oft nicht viel mehr als Intuition: Es gab *keinen analytischen und zugleich praktisch handhabbaren Zugang* zu diesem Thema. Der *Durchbruch* kam mit einer Beobachtung, die Henderson bei Texas Instruments in der Halbleiterfertigung machte*: Kapital und Organisation können Erfahrung nicht ersetzen* – oder: Kosten sinken mit der kumulierten Produktionsmenge. Das widersprach in vielen Aspekten der betriebswirtschaftlichen Theorie, die von abnehmenden Stückgewinnen im Zeitablauf ausging, während Henderson für Marktführer steigende Stückgewinne beobachtete. Darauf baute Henderson – damals bereits als Gründer und Chef der Boston Consulting Group (BCG) – seine Portfolio-Konzepte auf. Im zweiten Teil des Kapitels werden Beispiele für solche Portfolios zu sehen sein.
   Ab dem Beginn der 80-er Jahre betrachtete Henderson Unternehmen mehr und mehr als lebende, wachsende Organismen und zog

Parallelen zwischen dem Wettkampf in der Natur um biologische und dem in der Wirtschaft um ökonomische „Nischen".

Ebenfalls dem Bestehen in einer vom Wettkampf geprägten Welt widmete sich Porter mit seinen Arbeiten zur Branchenanalyse und zum Wesen langfristiger Wettbewerbsvorteile ab dem Beginn der 80-er Jahre. Porter zeigte, daß

1. das Konzept der Erfahrungskurve auf die gesamte *Wertschöpfungskette* (sie umfaßt alle Phasen der Arbeit an einem Produkt, von der Entwicklung bis zur Lieferung an den Endverbraucher) anwendbar ist und

2. daß es auch andere *Strategien* als die der Markt- und damit Kostenführerschaft gibt, um gegenüber der Konkurrenz einen Wettbewerbsvorteil aufzuweisen: *Differenzierung* (etwas „einzigartiges") und die *Konzentration auf Schwerpunkte* (Abnehmergruppe, Produkt, geographisches Gebiet, . . .).

Dazu bedient er sich hauptsächlich eines Modells, das den Markt auf folgenden Dimensionen durchleuchtet: Ein- und Austrittsbarrieren, Rivalität unter den Wettbewerbern, Verhandlungsstärke von Abnehmern und Lieferanten, Bedrohung durch Ersatzprodukte und schließlich Gefahren und Chancen durch behördliche Eingriffe.

Die 90-er Jahre stehen im Zeichen der Globalisierung von Absatz- und Beschaffungsmärkten, was zu einer weiteren Verschärfung des Wettbewerbs führt. Wettbewerberanalysen zeigen immer noch, daß europäische und nordamerikanische Unternehmen deutliche Defizite im operativen Bereich gegenüber japanischen Unternehmen aufweisen. Eine besondere Vorbildfunktion übte auf den Westen dabei die Firma Toyota bzw. ihr laufend optimiertes *Toyota Production System* aus. In einer MIT-Studie[83] erwiesen sich manche japanische Unternehmen als um 50% schneller und kostengünstiger, sie hatten außerdem 50% weniger Bestände und nur 50% des Flächenbedarfes. Ihre Verfahren zur Steuerung von Logistik und Produktion sind die Vorreiter der schnell „normal" werdenden Just-in-time-Waren(an)lieferung, der Lean-Production und des Qualitätsmanagements. Die Idee des Unternehmens als *lebender Organismus*, bestehend aus einzelnen, selbstständigen Segmenten, nimmt jetzt breiteren Raum ein und repräsentiert sich in noch großteils visionären

---

83 „The Machine that Changed the World".

Vorstellungen *selbstlernender und selbstorganisierender Gemein-schaften* und *atmender Fabriken*.

Kennzeichen technischen Fortschrittes in Konkurrenzmärkten
- Entwicklung flexibler Fertigungskonzepte
- Verstärkter Rechnereinsatz (CAD, CAM, CAP, CAQ, PPS)
- Systemintegration (CIM)

Den größten Verbreitungsgrad im Gebiet der Strategieplanung haben jedoch immer noch die sog. Portfolio-Matrizen – ihr geistiger „Vater" ist der oben angesprochene BCG-Gründer Henderson. Ihnen widmet sich der folgende Abschnitt.

6.2 Die Strategische Situation und ihre Normstrategien

Was bedeutet „Strategische Situation"?

„Strategisches Management" heißt zunächst Erfassen der *strategischen Situation*.

Die *strategische Situation* ergibt sich aus der Antwort auf zwei Fragen:
1. Welche *Chancen und Risiken* bietet das unternehmerische Umfeld („der Markt") – jetzt und in Zukunft?
2. Welche *Stärken und Schwächen* hat das Unternehmen – jetzt und in Zukunft?

Auf dieser Wissensbasis werden dann Strategien entwickelt – d. h. Entscheidungen über
1. vermehrte Investitionen (F&E, Maschinen, Personal) oder
2. Desinvestitionen (Abschöpfung oder Rückzug; d. h. Veräußerung oder Liquidation)

getroffen.

Die Darstellung der „strategischen Situation" und die Ableitung von „Normstrategien"

Die hier dargestellten Planungsmethoden wurden entwickelt, um auf anschauliche Art das Erfassen der strategischen Situation und die Ableitung von strategischen Empfehlungen zu ermöglichen.

Drei der bekanntesten Vertreter dieser Technik werden hier gezeigt:

1. die Marktwachstum-Marktanteil-Matrix (auch Boston-I-Matrix),
2. die Branchenattraktivität-Wettbewerbsstärke-Matrix
   (auch McKinsey-Matrix),
3. die Lebenszyklus-Portfolio-Matrix (von Arthur D. Little).

> Das Prinzip ist bei allen Matrizen gleich: Immer handelt es sich um eine zweidimensionale graphische Darstellung, wobei eine Dimension (Achse) mißt, welche Chancen und Risiken das unternehmerische Umfeld einem Produkt bzw. einem Geschäftsbereich zubilligt, die andere Dimension (Achse), welche Stärken/Schwächen das Produkt bzw. der Geschäftsbereich hat.

6.2.1 Die Marktwachstum-Marktanteil-Matrix (Ansatz von Boston Consulting)

Die Boston Consulting Group hat damit begonnen, die strategische Situation graphisch darzustellen. Dies hat sich durchgesetzt. In der Standardanalyse wird auf der einen Achse der *relative Marktanteil* als wesentliches Maß für die *Unternehmensstärke*, auf der anderen das *Marktwachstum* als zentrales Maß für das *Umfeld* dargestellt.

Warum werden gerade dem Marktwachstum und dem relativen Marktanteil so große Bedeutung beigemessen? Das ist auf eine seinerzeit bahnbrechende Studie, die sog. PIMS-Studie zurückzuführen. Sie war die erste große empirische Studie zu den *Laws of the*

Welche Größen korrelieren mit dem ROI?	Wie soll die Größe sein, damit der ROI hoch ist?
Marktwachstum	möglichst hoch
(Relativer) Marktanteil	Marktführerschaft anstreben
Produktqualität	hoch
Investitionsintensität	hoch
Vertikale Integration	stark
F&E-Ausgaben relativ zum Umsatz	hoch
Wertschöpfung pro Beschäftigter	hoch

Tab. 6.1: Ergebnis der PIMS-Studie

Market Place. Konkret hieß die Fragestellung „Was zeichnet Unternehmen aus, die einen hohen ROI haben?"[84]

Relativer Marktanteil und Marktwachstum

Henderson verwandte eine reduzierte Form dieser Ergebnisse um das Boston-I-Portfolio zu entwickeln: Er war der Meinung, es genüge zur Charakterisierung

- des *Marktes* (=*Umfeld*) – also z. B. des Rollerskatesmarktes – das *Marktwachstum* und zur Charakterisierung
- des *Unternehmens* – z. B. eines Spielzeugfabrikanten – dessen *Marktanteil*

im jeweiligen Markt zu betrachten.

Der **relative Marktanteil** (rMA) wird gemessen als:

$$\text{relativer Marktanteil} = \frac{\text{eigener Marktanteil}}{\text{Marktanteil des stärksten Konkurrenten}}$$

Ist der rMA kleiner als 1, ist man nicht Marktführer (d. h. es gibt zumindest einen Konkurrenten mit höherem Marktanteil), ist er größer als 1, ist man Marktführer.

Dazu ein Beispiel aus dem Farbfernsehermarkt:

Absoluter und relativer Marktanteil im deutschen Farbfernsehermarkt (1996)

Hersteller	MA (abs.) in%	Berechnung	relat. MA
Blaupunkt	2,7	2,7/18,7	0,14
Grundig	18,7	18,7/15,8	1,18
Loewe Opta	10,4	10,4/18,7	0,56
Metz	5,2	5,2/18,7	0,28
Nokia	3,9	3,9/18,7	0,21
Nordmende	2,4	2,4/18,7	0,13
Panasonic	6,4	6,4/18,7	0,34
Philips	15,8	15,8/18,7	0,84
Sony	11,1	11,1/18,7	0,59
Telefunken	5,6	5,6/18,7	0,30

Quelle: Gesellschaft für Konsumforschung, Zvei, 1997

Tab. 6.2: Absoluter und relativer Marktanteil im deutschen Farbfernsehermarkt

---

84 Wie auch viele Initiativen in anderen Bereichen der Strategischen Planung begann dieses Projekt 1960 bei General Electric. Seit 1975 wird es am selbstständigen Strategic Planing Institute weitergeführt.

Grundig ist Marktführer, relativ dicht gefolgt von Philips, Sony und Loewe Opta. Allerdings ist eine derartige Darstellung nur von beschränkter Aussagekraft: Um zu weitreichenderen Schlüssen zu kommen, müßten noch mindestens zwei Fragen beantwortet werden: Erstens: Wie hat sich diese Rangfolge in der Vergangenheit verändert? Und da natürlich auch die Zukunft interessiert, dürfte es von großem Interesse sein, wie – zweitens – die Entwicklung der Weltmarktanteile vonstatten gegangen ist: Deutliche Veränderungen auf Weltmärkten beeinflussen nationale Märkte oft unterschiedlich schnell.

Erfahrungskurveneffekte

Einen hohen relativen Marktanteil zu haben, am besten gleich Marktführer zu sein, ist deshalb so wichtig, weil *Marktführer sein heißt, potentiell geringere Stückkosten zu haben als die Konkurrenz*. Dies aufgrund eines beinahe naturgesetzähnlichen Auftretens einer Erscheinung, die als *„Erfahrungskurve"* bekannt ist. Aufgrund von individuellem Lernen, Verfahrensverbesserungen, Rationalisierungen und Betriebsgrößeneffekten *können* die der Wertschöpfung unterliegenden Kosten inflationsbereinigt bei jeder Verdoppelung der kumulierten Produktionsmenge um *5 – 30%* sinken. Und geringere Stückkosten bedeuten bei einem gegebenen Preis, daß die Gewinnspanne größer als bei der Konkurrenz ist.[85]

	F&E	Bauteile und Komponenten-Fertigung	Zusammenbau	Marketing	Vertrieb	Einzelhandel
Kostensenkungspotential pro Verdoppelung	5%	25%	30%	10%	15%	5%

Quelle: In Anlehnung an A. Hax, N. Majluf, Strategisches Management, 1991, S. 146

Tab. 6.3: Der Erfahrungskurveneffekt bei unterschiedlichen Stufen der Wertschöpfung

---

85 Diese Beobachtung von Henderson widersprach völlig der ökonomischen Theorie: Diese besagt nämlich, daß eine vergleichbare (Kapital-) Ausstattung zu vergleichbaren Stückkosten führt.

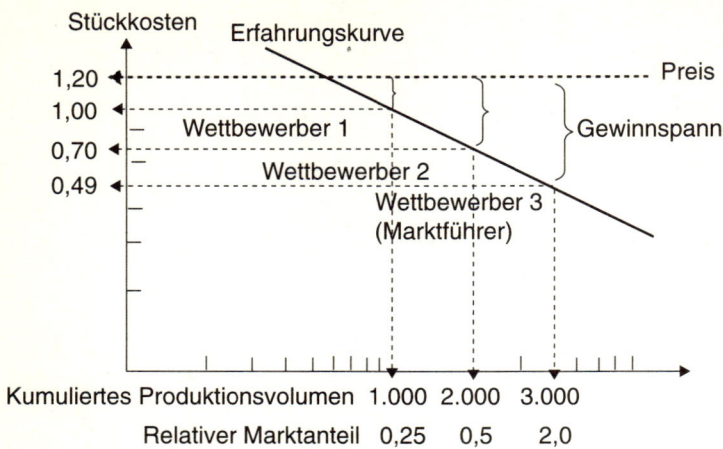

Bem.: 70%ige Erfahrungskurve, d. h. 30%iges Kostensenkungspotential

Abb. 6.2: Der Zusammenhang von relativen Marktanteil, Erfahrungskurve und Gewinnspanne

Eine Nicht-Marktführer-Position einzunehmen bedeutet aber nicht nur geringere Gewinne zu erwirtschaften, sondern die Gefahr, die Konkurrenzfähigkeit zu verlieren. Dies, da auf Wettbewerbsmärkten die Marktpreise eine deutliche Tendenz dazu zeigen, ähnlich den Produktionskosten zu fallen: Entweder senken die Marktführer entsprechend ihrer Kostensituation den Preis (und die Konkurrenz muß mitziehen) oder – wenn dies nicht der Fall ist und die Marktteilnehmer das Preisniveau zu halten versuchen – neue Wettbewerber drängen mit günstigeren Preisen auf den Markt.

Die beiden folgenden Graphiken zeigen Erfahrungskurveneffekte in zwei völlig verschiedenen Märkten: In der von Boeing dominierten Flugzeugindustrie am Beispiel eines Kampfflugzeuges und auf dem stark segmentierten Markt für Brathühner. Die Ursachen für die Erfahrungskurveneffekte sind unterschiedlich: Bei dem B-29-Bomber sanken die Arbeitsstunden pro Gewichtseinheit Flugzeughülle durch „Erfahrungslernen" (die Abbildung bezieht sich auf *einen* Flugzeugtyp!); bei den Hühnern war es *neue Technologie* (Futter, Antibiotika, Haltung) im Zeitverlauf, die die „Produktionskosten" und in der Folge die Preise fallen ließen.

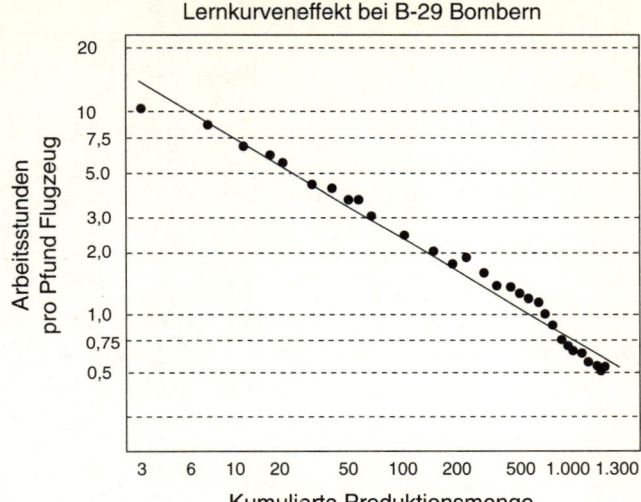

Quelle: Scherer/Ross (1990)

Abb. 6.3: Lernkurve bei B-29 Bombern

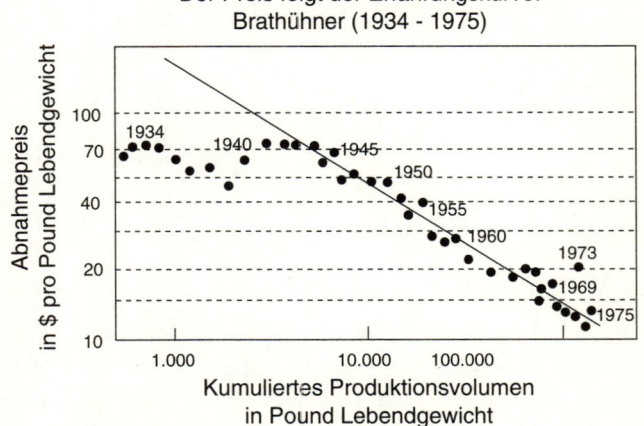

Quelle: Abell/Hammond (1988)

Abb. 6.4: Preisentwicklung bei Brathühnern: Der Preis folgt den Produktionskosten

Das Marktwachstum ist deshalb wichtig, weil die *Erfahrungskurveneffekte* bei einem hohen Marktwachstum *viel schneller und deutlicher spürbar* werden als bei geringem Marktwachstum. Außerdem bedeutet ein hohes Marktwachstum:

- die Konkurrenz teilt sich einen größer werdenden „Kuchen" → kein so extremer Preiskampf wie in schrumpfenden Märkten
- große Stückzahlen und damit die Möglichkeit zur Rationalisierung
- Marktwachstum heißt Zukunftsmarkt, das wiederum sichert die Nachfrage

Ein Beispiel für ein typisches Boston-Porfolio – immer noch der Beginn fast jeder strategischen Analyse – kann so ausschauen:

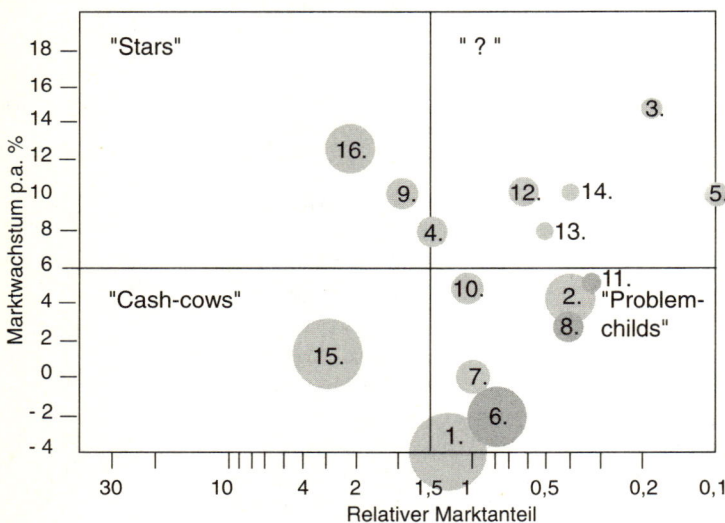

Abb. 6.5: Das Boston-I-Portfolio eines metallverarbeitenden Betriebes

Die Kreise repräsentieren die Produkte, die das Unterehmen verkauft. Die Produktpalette umfaßt hier drei Bereiche; Bauelemente (Produkte 1–5), Regalbau (Produkte 6–10) und Behälterbau (Produkte 11–16).[86]

---

86 Die Interpretation dieses Portfolios befindet sich am Ende dieses Abschnittes auf Seite 155.

	Charakterisiert durch	typischer Cash-flow	Strategieempf-ehlung
? („Frage-zeichen")	• Neuprodukt zur Lösung (alter) Probleme • hohe Entwicklungs-kosten • hohe Produktionskosten • (noch) geringe Umsätze • hohes Risiko	Einzahlg.: + Auszahlg.: – – gesamt CF: –	selektiv-offensiv: Erweiterung oder Verkauf
Stars	• hohes Mengenwachstum • hohe Rationalisierungsko-sten • (bereits) hohe Umsätze	Einzahlg.: + + Auszahlg.: – – gesamt CF: –	investieren um Position zu halten
Cash-cows	• die wesentlichen Investitio-nen sind getätigt • Markt wächst nur noch lang-sam • Rationalisierung zahlt sich aus	Einzahlg: + + + Auszahlg: – gesamt CF: + +	abschöpfen ohne Markt-führerschaft zu gefährden
Problem-childs („Poor dogs")	• Produkt evt. am Ende des Lebenszyklus • evtl. nur noch zur Komplet-tierung der Produktpalette im Programm	Einzahlg: + Auszahlg: – gesamt CF: 0	je nach CF-Si-tuation; Halten oder eher Rückzug: verkaufen, stillegen

Tab. 6.4: Boston-I: Feldcharakterisierung, Cash-flow und Normstrategie

Das Boston-Portfolio beruht auf einem *Ausgleichsgedanken*. Er setzt auf der Cash-Ebene an und sorgt dafür, daß *Normstrategien* für Produkte bzw. *Strategische Geschäftsfelder (SGF)*[87] abgeleitet werden können.

Man erkennt: Letztlich sind es die Cash-Cows, die die positiven Cash-flows erwirtschaften, mit denen (*einige* besonders vielverspre-chende) ?-Produkte gepuscht werden können.

---

87 Ein Strategisches Geschäftsfeld umfaßt Produkte oder Produktgruppen, die bezüglich der kundenspezifischen Problemlösung und der Konkur-renz abgrenzbar sind. Für einen Großkonzern wie Kawasaki kann z. B. seine Motorradproduktion ein SGF, Schiffsbau ein anderes SGF sein. Für einen reinen Motorradproduzenten können hingegen die einzelnen Mo-delle als SGF aufgefaßt werden.

Idealtypische und katastrophale Geschäftsentwicklung

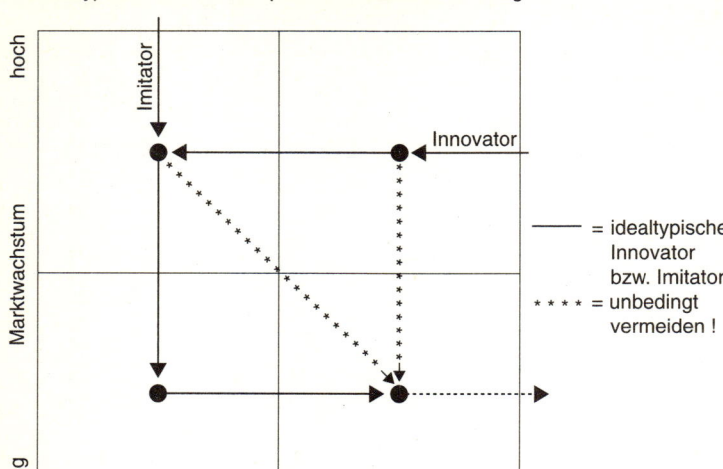

Abb. 6.6: Realtypischer Ablauf der Geschäftsentwicklung für Innovatoren und Imitatoren

Idealtypisch durchläuft ein Produkt einen kompletten *Lebenslauf* – sowohl was seinen individuellen Produktlebenszyklus, als auch seinen „Weg" im Bosten-Portfolio im Laufe der Zeit betrifft.

Wie zeichnet man ein Portfolio „richtig"?

Eine sinnvolle Interpretation ist nur möglich, wenn auch die Feldereinteilung sinnvoll geschieht.

Oft wird die Achse, die zwischen hohem und niedrigem Marktwachstum trennt, pragmatisch bei 10% gesetzt. Korrekt ist es jedoch, die Achse beim durchschnittlichen *Wachstum der Branche* zu setzen; in unserem Fall das erwartete Wachstum der Branche „Metallverarbeitung".

Die Achse für den relativen Marktanteil wird entweder bei 1,0 gesetzt (ist man „etwas" links davon, ist man Marktführer) oder bei 1,5. Letzteres deshalb, da manchmal argumentiert wird, man benötige mindestens einen 50-%-Vorsprung vor der Konkurrenz, um ein „sicherer" Marktführer zu sein. Dies dürfte vor allem bei solchen Branchen der Fall sein, in denen noch viel Bewegung bei den Marktanteilen herrscht (v.a. junge Branchen); nicht so sehr jedoch bei reifen „Traditionsbranchen".

Die *Größe* mit der ein Geschäftsfeld in die Darstellung eingeht, ist proportional zu dem im eigenen Unternehmen damit getätigten *Umsatz*.[88]

Was ist nun ein „gutes" Portfolio?
Ganz grob wird ein Portfolio eines reifen Unternehmens dann als „gut" bezeichnet, wenn
- (höchstens) 20% der Umsätze im *?-Bereich*,
- (mindestens) je 30% im *Stars-* und *Cash-cows*-Bereich und
- (höchstens) 20% im *Problem-childs*-Bereich
    erzielt werden. Solche Anhaltspunkte müssen vage bleiben, unterstellen sie doch u. a. bestimmte Wachstumsraten, vergleichbar lange Produktlebenszyklen und bestimmte Wahrscheinlichkeiten für den Übergang von einem Portfolio-Feld zum nächsten.

Interpretation des Portfolios in Abb. 6.5: Das Boston-I-Portfolio eines metallverarbeitenden Betriebes
Unser Beispiel-Unternehmen weist ein sehr unausgewogenes Portfolio auf: So hat es auf den ersten Blick deutlich zuviele Problem-childs, dafür aber zuwenig Stars und vor allem zu wenig Cashcows (nur eine!). Wahrscheinlich ist der Cash-flow des Betriebes negativ, daher besteht ein hoher Finanzbedarf, der von außen gedeckt werden muß. Ebenfalls wahrscheinlich ist es, daß es nicht leicht werden wird, externe Kapitalgeber zu finden, denn auch die unmittelbare Zukunft könnte bedrohlich sein: Die Produkte 4, 9, 13 drohen den „kathastrophalen" Weg zu gehen, d. h. die Star- und Cash-Cow-Phase auszulassen. Eine vergleichbare Analyse wichtiger Wettbewerber ist dringend angeraten.
Noch eine Warnung:
Nun wäre es schön, wenn alle ?-Produkte auch tatsächlich den geforderten Weg gehen würden. Typischerweise wird hier erst einmal

---

88 Achtung: doppelter Radius bedeutet vierfacher Umsatz, dreifacher Radius neunfacher Umsatz!

auf Unternehmensebene kräftig ausgesondert – es dürfte eher unter-
trieben sein, wenn man annimmt, daß von allen „Ideen" für Neupro-
dukte nur 10% tatsächlich entwickelt werden. Und von diesen 10%
erreichen wohl auch nur 10% irgendwann einmal eine Marktführerschaft. „Mehr" an F&E oder Marketing – wenn es denn nur an diesem liegt – sind schlichtweg kaum bezahlbar.

Außerdem wird unterstellt, daß

- mit Marktanteil und relativem Marktanteil tatsächlich die rele-
vanten Dimensionen beschrieben sind,
- die SGF unabhängig sind und z. B. keine Austrittsbarrieren[89] für
Problem-childs existieren und
- die Cash-flow Strukturen normal, d. h. so wie in obiger Tabelle
„Boston-I: Feldcharakterisierung, Cash-flow und Normstrategie"
unterstellt, auch tatsächlich auftreten.

6.2.2 DieBranchenattraktivität-Wettbewerbsstärke-Matrix (Ansatz von General Electric und McKinsey)

Auf den ersten Blick erscheint das Vorgehen, das der Branchenattraktivität-Wettbewerbsstärke-Matrix zugrunde liegt, deutlich genauer und damit „besser" als das bei der Boston-I-Matrix: Denn die
Branchenattraktivität (das ist die Umfelddimension) wird nicht
mehr nur anhand des Marktes- (besser: des Branchenwachstums)
gemessen, sondern anhand *mehrerer* wichtiger Faktoren. Vergleichbares gilt für die *Wettbewerbsstärke* (das ist die Unternehmensdi-
mension), die ebenfalls differenzierter als nur mit dem relativen
Marktanteil bestimmt wird.

Schritt 1:
Die Messung der Branchenattraktivität
Ein Beispiel für die Beurteilung der Branchenattraktivität kann
für ein SGF eines High-tech-Unternehmens wie folgt aussehen:

---

89 Eine Austrittsbarriere kann z. B. in operativen Verflechtungen, langfristigen Verträgen oder Spezialanlagen gesehen werden.

Branchenattraktivitätsmessung bei einem High-tech-Unternehmen

Attraktivitätskriterium	Gewichtung ($\Sigma = 1$)	Beurteilung (0, 1,..., 5)	gewichtete Punktzahl
Branchenrentabilität	0,15	3	0,45
Marktvolumen	0,10	4	0,40
Humanfaktoren/Know-how	0,10	5	0,50
Wachstum	0,10	3	0,30
Preisbildung	0,10	3	0,30
Wettbewerbsstruktur	0,10	3	0,30
Konjunkturanfälligkeit	0,05	2	0,10
Finanzkraft der Konsumenten	0,10	5	0,50
Einfluß von Energiekosten	0,05	4	0,20
Einfluß von sozialen Faktoren	0,05	3	0,15
Einfluß von Umweltfaktoren	0,05	4	0,20
Einfluß gesetzlicher Faktoren	0,05	2	0,10
Summe	1,00		3,50

Tab. 6.5: Messung der Branchenattraktivität

Schritt 2:

Die Messung der Wettbewerbsstärke

Die unternehmenseigenen und damit kontrollierbaren Erfolgsfaktoren werden in der Regel *mit Bezug auf den führenden Wettbewerber* in der betrachteten Branche bewertet. Nur wenn man z. B. Marktführer ist, kann auch eine absolute Bewertung wie bei der Branchenattraktivität sinnvoll sein. Für das High-tech-Unternehmen könnte die Messung so ausschauen:

Wettbewerbsstärkenmessung bei einem High-tech-Unternehmen

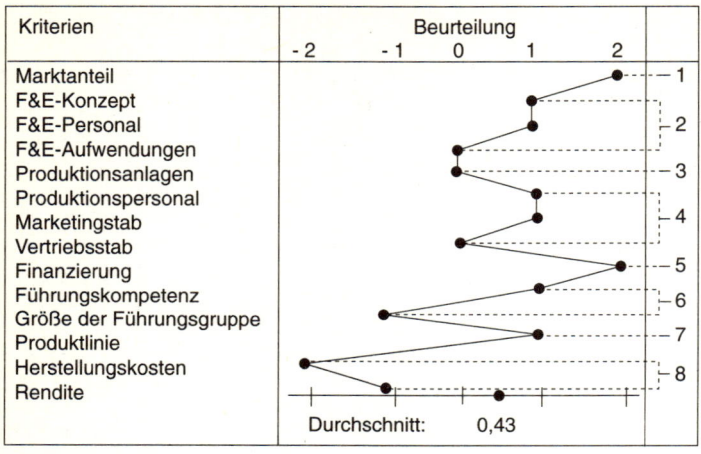

1 Überragender Marktanteil
2 Trotz gleichhoher Aufwendungen besitzt das Unternehmen F&E-Vorteile
  bei Konzepten und Personal
3 Die Produktionsanlagen sind nur durchschnittlich
4 Überlegenes Personal
5 Überragende Vorteile bei der Fähigkeit, Kunden Finanzierungsbedingungen
  anbieten zu können.
6 Die Manager sind besser als bei anderen Unternehmen, die Management-
  gruppe ist jedoch kleiner
7 Die Produktlinie ist vollständiger
8 Der Rentabilitätsverlust resultiert vornehmlich aus höheren Lohnkosten

- 2:   erhebliche Wettbewerbsnachteile
  0:    gleiche Wettbewerbsposition bzw. -stellung
+ 2:   erhebliche Wettbewerbsvorteile

Quelle: In Anlehnung an Hax, Majluf, Strategisches Management, 1991

Abb. 6.7: Messung der Wettbewerbsstärke

**Praxistip zur Messung von Wettbewerbsstärke und Branchenat-
traktivität bei einem High-tech-Unternehmen** Praktiker wie z. B.
Rothschild[90] schlagen vor, sich sowohl bei der Messung der Bran-

---

90 Ehemals verantwortlich für die Strategieplanung bei General Electric

chenattraktivität als auch bei der der Wettbewerbsstärke auf fünf Hauptkategorien zu beschränken:

1. Marktfaktoren (z. B. Volumen, Wachstum, Abnehmer, Segmente, ...)
2. Wettbewerbsfaktoren (z. B. Mitbewerber, Konzentrationsgrad, Marktanteile, ...)
3. Finanzielle und wirtschaftliche Faktoren (z. B. Ein- und Austrittsbarrieren, erwartete Erfolge, ...)
4. Technologische Faktoren (z. B. Komplexität, Patentschutz, Beherrschung der Technologie, ...)
5. Soziopolitische Faktoren (z. B. Gesellschaftstrends, gesetzliche Vorschriften, Lobbies, ...)

In Experimenten kann man nachweisen, daß sowohl die Messung der Branchenattraktivität als auch die der Wettbewerbsstärke stark durch die Auswahl der Dimensionen, auf denen gemessen wird, beeinflußt wird: *D.h. die Vorgabe eines bestimmten Faktorbündels impliziert mit hoher Wahrscheinlichkeit ein bestimmtes Ergebnis.*

Beispiel:

Man stelle sich vor, daß ein sehr innovativer, F&E-intensiver, „investitionshungriger" aber evtl. auch bahnbrechender Geschäftsbereich an zwei unterschiedlich formulierten Meßlatten gemessen wird:

Meßlatte 1	Meßlatte 2
potentielles Absatzvolumen	sicheres Absatzvolumen
Vorsprung vor Konkurrenz	Gefahr von Fehlentwicklungen
mögliche Erfolgsaussichten	Existenzgefährdung
Image als High-Tech-Unternehmen	Technologiebeherrschung
Ausnutzung potentieller bzw. Gestaltung neuer Trends	Verlust der finanziellen Möglichkeiten auf noch unabsehbare Trends zu reagieren

Tab. 6.6: Wer unterschiedlich mißt, bekommt unterschiedliche Ergebnisse

Das Ergebnis ist leicht vorstellbar: Anhand der „Meßlatte 1" wird das Unternehmen hervorragend, anhand der „Meßlatte 2" eher schlecht abschneiden.

Ein kritischer Blick auf die Faktoren, anhand derer gemessen wird – inklusive der präzisen Fragestellung – stellt eine wichtige Führungsaufgabe dar. *Erst Information, dann Interpretation muß das Motto sein!*

Eine Möglichkeit solchen Problemen auszuweichen, besteht in der Vorgabe eines Standard-Faktorkataloges durch die Geschäftsleitung. Der Verzicht auf eine individuelle und problemspezifische Faktorauswahl macht das Ergebnis „objektiver" und leichter nachvollziehbar – aber u. U. auch weniger problemangepaßt und weniger pointiert. Hier muß man selbst abwägen, was opportun erscheint.

Zur Interpretation:
• Der Kreismittelpunkt ist dabei das Ergebnis der Messungen,

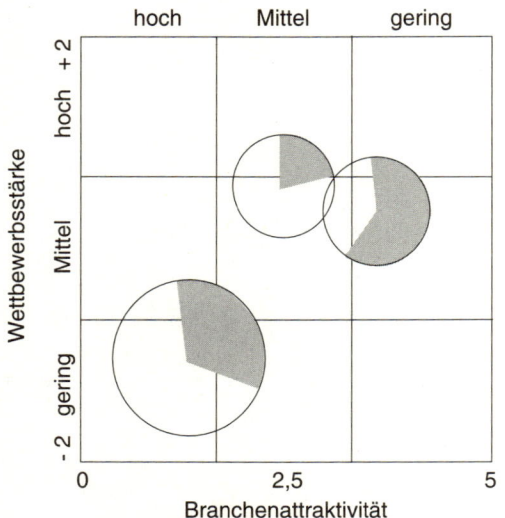

Abb. 6.8: Ein Beispiel für eine Branchenattraktivität-Wettbewerbsstärke-Matrix

• die Kreisfläche ist proportional zur Branchen- oder Marktgröße,
• der Kreisauschnitt repräsentiert den Marktanteil.

Interpretation und Strategieempfehlungen

Auch bei dieser Matrixdarstellung werden „Normstrategien" empfohlen. Grundsätzlich sollten die Ressourcen dort eingesetzt werden, wo ein hoher Grad an Attraktivität und Wettbewerbsstärke vor-
herrscht und dort abgezogen werden, wo das Gegenteil der Fall ist.
In Zwischenpositionen ist selektives Vorgehen angeraten. Einen de-
taillierteren Überblick gibt die Abbildung 6.9 der Consulting-Firma
A.T. Kearny.

Wesentliche Unterschiede zur Boston-I-Matrix und Probleme

Es gibt eine Reihe fundamentaler Unterschiede im Vergleich zur
Boston-I-Matrix.

So gibt es

• keinen idealtypischen „Gang" durch die Portfolio-Matrix und
• keinen Cash-Ausgleichsgedanken.

Der *Hauptkritikpunkt* an der Vorgehensweise ist überraschen-
derweise ihr scheinbarer Vorteil, nämlich die mehrdimensionale
Messung. Hier kann man zwei Effekte beobachten:

1. Den bereits oben erwähnten Effekt, daß unterschiedliche Grup-
pen, die dasselbe SGF beurteilen, bei freier Faktorenwahl oft zu

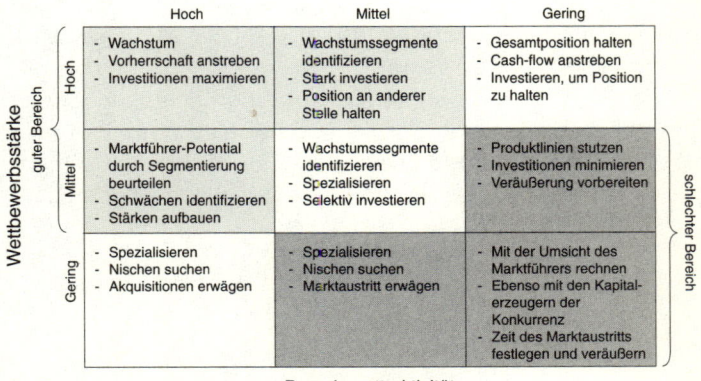

Abb. 6.9: Von A.T. Kearny empfohlene strategische Schlußfolgerungen

deutlich abweichenden Ergebnissen kommen – *die Auswahl der Faktoren ist deutlich ergebnisbestimmend*

2. Oft führt eine wachsende Anzahl von Faktoren – und zwar fast unabhängig von der Gewichtung! – zu immer *mehr „mittleren"* *Ergebnissen* was Brachenattraktivität und Wettbewerbsstärke angeht. Entsprechend ist die Empfehlung der Normstrategie, „selektiv vorgehen", wenig hilfreich.

6.2.3 Die Branchenlebenszyklus-Portfoliomatrix (Ansatz von Arthur D. Little)

Basis der Überlegungen der Beraterfirma Arthur D. Little ist eine der ältesten Modellvorstellungen der BWL: Das vom Anfang dieses Buches bekannte Konzept des Lebenszyklus. Idee ist, daß jede Branche, jedes Produkt, jede Technologie und jedes SGF nur eine bestimmte Lebensdauer hat und daß das Leben in abgrenzbaren *Phasen*, eben dem *Lebenszyklus*, abläuft. Zur Einteilung der verschiedenen Phasen bedient man sich der Umsätze, die in der Branche bzw. mit dem Produkt erzielt werden. *Bedeutung für das strategische Management gewinnt das Konzept durch die Zuordnung phasentypischer Gewinne und Cash-flows.*

Umfeldchance = Stellung im Branchenlebenszyklus

Arthur D. Little verwendet nun den Branchenlebenszyklus als Maß für die Beschreibung des Umfeldes – also dessen, was beim Boston-I-Porftolio das Marktwachstum und beim McKinsey-Portfolio die Branchenattraktivität war.[91]

Nicht einfach ist die jedoch die reale Einordnung einer Branche in ihre Lebenszyklusphase: Wer kann schon sagen, ob beispielsweise bei zurückgehenden Umsätzen „nur" eine allgemeine Konjunkturschwäche vorliegt, oder das Ende der Reifephase eingeläutet wird?

---

91 Nachdem das Marktwachstum direkt mit dem Umsatz zusammenhängt, sieht man, daß auch das Boston-I-Portfolio im Prinzip auf der Idee eines Produktlebenszyklus (bzw. eines Branchenzyklus) basiert.

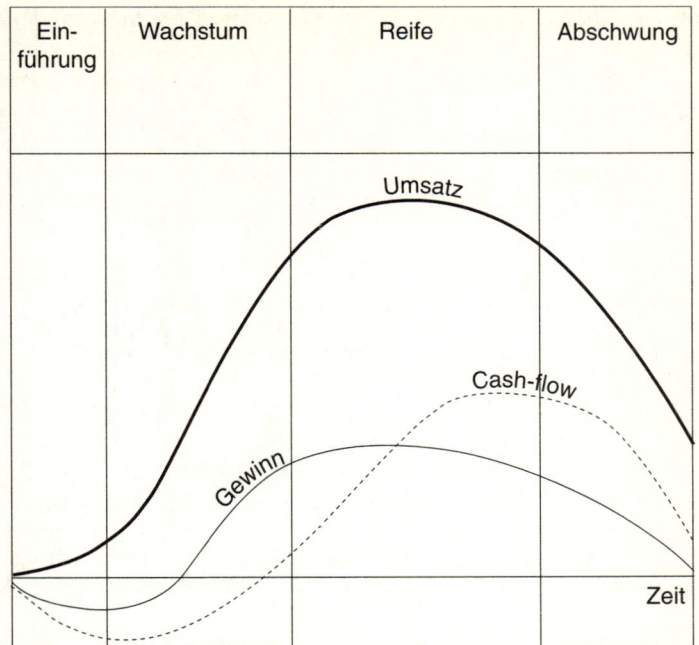

Abb. 6.10: Der traditionelle Produktlebenszyklus: Umsatz, Cash-flow und Gewinn

Als Einteilungshilfsmittel kann die folgende Tabelle dienen:

Lebenszyklusphasen

Lebenszyklus-Phase	Charakteristika
Einführung	starkes Wachstum, viele technologische Neuerungen, fragmentierte und wechselnde Marktanteile, Bemühen um Neukunden
Wachstum	starkes Wachstum; Technologie, Marktanteile und Kunden jedoch besser bekannt; Markteintrittsbarrieren deutlich höher als in Einführungsphase (z. B. Konkurrenz etabliert und im Genuß von Erfahrungskurveneffekten)
Reife	kaum Wachstum; Stabilität bei Technologie (außer im Detail), Marktanteilen und Kunden; hohe Produktvielfalt
Abschwung	sinkende Nachfrage, abnehmende Konkurrentenanzahl, geringere Produktvielfalt

Tab. 6.7: Charakterisierung von Lebenszyklusphasen

Stärken und Schwächen des Unternehmens = Wettbewerbsposition

Hier wird versucht, mittels subjektiver und qualitativer Kriterien eine Einteilung von „dominierend" bis „nicht lebensfähig" zu ermöglichen. Dazu dienen die folgenden Definitionen:[92]

Wettbewerbspositionen

Wettbewerbs-position	Charakteristika
dominierend	sehr selten, höchstens einer, manchmal keiner in einer Branche. *Dominanz* ist durch ein Quasi-Monopol oder einen gut geschützten technischen Vorsprung (z. B. Patente) möglich.
stark	gibt es ebenfalls nicht in jeder Branche. *Starke* können ungeachtet ihrer Konkurrenz eigene Strategien verfolgen; relativer Marktanteil über 1,5
günstig	in zersplitterten Branchen, in denen kein Wettbewerber einen deutlichen Vorsprung besitzt, ist der Branchenführer oft in einer *günstigen* Situation. Günstig ist die Position auch, wenn eine Nische besetzt wurde oder eine Differenzierungsstrategie gelungen ist.
mäßig	durch Spezialisierung (geographisch oder produktbezogen) auf eine enge oder geschützte Nische läßt sich eine *mäßige* Position mit Gewinn aufrechterhalten. Symptome von Mißwirtschaft sind erkenntlich.
schwach	Wettbewerber, die zu klein sind um längerfristig mit Gewinn überleben zu können oder größere Wettbewerber, die unter kostspieligen Fehlern der Vergangenheit oder *kritischen Schwächen* leiden
nicht lebensf.	keinerlei Stärke in der betroffenen Branche

Tab. 6.8: Charakteristika von Wettbewerbspositionen

Die Normstrategien der Branchenzyklus-Portfolio-Matrix

Durch die Einteilung in 4 Branchenlebenszyklusphasen und 6 Wettbewerbspositionen entsteht eine 24-Felder-Matrix. Für jedes

---

92 In Anlehnung an A.Hax/N. Majluf, Strategisches Management, S. 213–214.

dieser Felder schlägt Arthur D. Little Normstrategien sowohl für Marktanteilsziele als auch für Investitionen vor. Hier werden exemplarisch nur die Implikationen für die Investitionstätigkeit dargestellt:

	Einführung	Wachstum	Reife	Abschwung
dominierend	etwas schneller investieren, als der Markt vorschreibt	investieren um Wachstumsrate zu halten	nur soviel wie nötig (re)investieren	nur soviel wie nötig reinvestieren
stark	so schnell investieren wie Markt vorschreibt	investieren um Wachstumsrate zu steigern	nur soviel wie nötig (re)-investieren	Minimale Reinvestition oder Halten
günstig	selektiv investieren	selektiv investieren um Position zu halten	minimale und bzw. oder selektive (Re)-investition	minimale Erhaltungsinvestition oder Veräußerung
mäßig	(sehr) selektiv investieren	selektiv investieren	minimal (re)-investieren oder veräußern	veräußern oder liquidieren
schwach	investieren oder liquidieren	investieren oder liquidieren	selektiv investieren oder liquidieren	liquidieren
nicht lebensf.	liquidieren	liquidieren	liquidieren	liquidieren

Tab. 6.9: Normstrategien für Investitionen und Desinvestitionen bei Arthur D. Little

Quelle: Angelehnt an A. Hax, N. Majluf, Strategisches Management, 1991, S. 209.

Die Empfehlungen können kurz zusammengefaßt werden: Eine Diagonale von links unten („schwache Wettbewerbssituation/Einführungsphase") nach rechts oben („starke Wettbewerbssituation/Abschwungphase") trennt das Portfolio in drei Bereiche:

• *auf* der Diagonalen (die unterlegten Felder von links unten nach rechts oben) muß vorsichtig agiert werden – selektive Entwicklung heißt das Stichwort

- *unter* der Diagonalen (in den rechten unteren Feldern) besteht Gefahr – also Marktnische suchen, veräußern oder notfalls liquidieren
- *über* der Diagonalen (die oberen linken Felder) sind die „klassischen" Investitionsfelder

Wo sind die Probleme der Branchenlebenszyklus-Portfoliomatrix?

Die Hauptproblematik liegt im Kernpunkt, nämlich dem Lebenszykluskonzept. Es gibt Autoren, die sogar behaupten, das Konzept würde mehr Schaden als Nutzen hervorbringen: Es verführe z. B. Manager dazu, eher Wert auf neue Produkte als auf die Weiterentwicklung und Pflege der alten zu verwenden.[93] Der „Altmeister" Porter bemerkt, daß die Dauer eines Zyklus von Branche zu Branche stark schwanke, daß manchmal Zyklen übersprungen würden und daß Produktinnovationen und Produktrepositionierungen (also Maßnahmen von Unternehmen) unvorhersehbaren Einfluß auf die Gestalt des Zyklus haben können.[94]

Das Lebenszyklusmodells hat noch weitere Implikationen für die Interpretation von strategischen Situationen:

6.2.4 Portfolio-Situation und Sicherheit bzw. Unsicherheit: Die Ansoff-Matrix

Das Risiko, das mit Investitionen in den unterschiedlichen Phasen der Boston-I-Matrix verbunden ist, zeigt der Zusammenhang zwischen strategischer Situation und erwarteten operativem Ergebnis. In Anlehnung an Ansoff[95] kann man davon ausgehen, daß die Höhe des zu erwartenden Erfolges und desses (Un-)Sicherheit oft eng mit der Kenntnis von Märkten und Produkten zusammenhängt. Je unbekannter der Markt und je neuer das Produkt, das SGF oder die Technik ist, desto höher ist tendenziell der erwartete Erfolg – aber auch dessen Unsicherheit.

---

93 So z. B. Dhalla/Yuspeh, 1976, Forget the Product Life Cycle Concept, Harvard Business Review 1/54.
94 Porter, M., Wettbewerbsstrategie, 1983.
95 H. Igor Ansoff, The New Corporate Strategy, 1988.

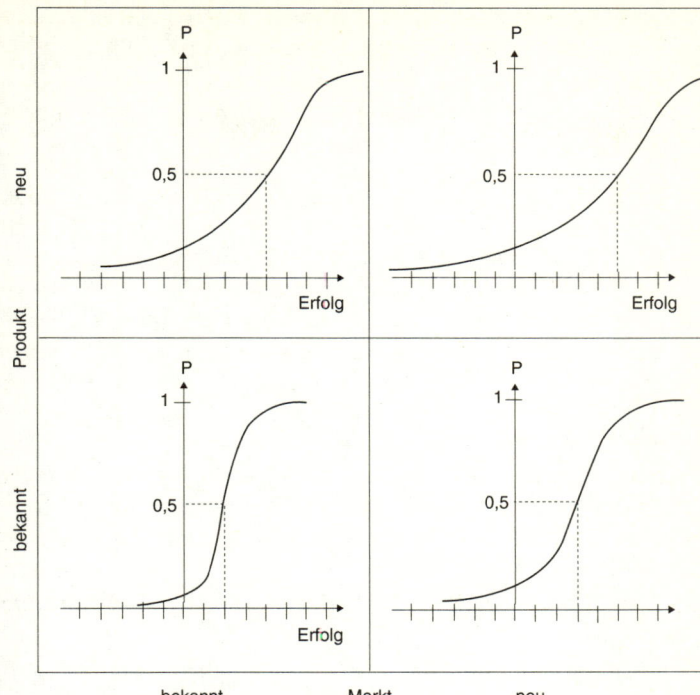

Abb. 6.11: Risiko und das Wissen um Produkte und Märkte: Die Ansoff-
Matrix

?-Produkte oder SGF sind fast immer *neue Produkte* auf alten
oder neuen Märkten; mit der idealtypischen „Wanderung" durch das
Boston-Portfolio werden sowohl die Produkte als auch die Märkte
vertrauter. Das unterstreicht das Wissen um die hohe Anfälligkeit
von ?- Produkten und die Stabilität der Rückflüsse von Cash-cow-
und evtl. auch Problem-child-Produkten.

In der Produktentwicklung von PKWs kann man den Versuch beobachten, neue Produkte in den „Sicherheitsbereich" eines bekann-
ten Produktes zu bringen – mit der Chance auf die hohen potentiellen Erfolge eines Neuproduktes. Ein Verfahren kann im Setzen auf
„Nostalgie" bestehen: Den Ruf einst bekannter Marken für eine Wie-
deraufnahme oder Aufstockung der Produktion oder für ein ganz

neues Produkt zu nutzen, sei „immer noch weniger riskant, als neue Produkte zu entwickeln und dafür einen Namen zu erfinden".[96]

6.2.5 Strategische Situation, Produktionstechnik und Break-even-Punkt

Neben dem Risiko, das (u. a.) abhängig vom Grad der „Neuigkeit" von Produkt und Markt ist, spielt die Produktionstechnik eine wichtige Rolle. „Junge Produkte" – also „?"-Produkte und angehende „Stars" (aber auch z. B. viele handwerklichen Betriebe) sind gekennzeichnet durch eine geringe Automatisierung. Entsprechend sind die fixen Kosten[97] gering, aber die variablen Kosten hoch. Eine solche Konstellation führt zu einem vergleichsweise niedrigen Break-even-Punkt. Der Break-even-Punkt (BEP) ist die Menge, die abgesetzt werden muß, damit die Erlöse gerade die Kosten decken. Wird mehr abgesetzt, entsteht ein Gewinn, wird weniger abgesetzt ein Verlust.

Die Produktionstechnik ist nun dafür verantwortlich, bei

- welcher Absatzmenge (= bei welchem Umsatz) die „Gewinnschwelle" erreicht wird und
- wie groß der Gewinn bzw. der Verlust bei höheren bzw. niedrigeren Absatzmengen ist.

Prinzipiell kann man sagen: Ein höherer Fixkostenblock (z. B. durch einen großen Maschinenpark) verschiebt zwar den BEP in hohe Absatzregionen, dafür sind jedoch die zu erwartenden Gewinne bei Überschreiten des BEP wesentlich höher als bei einer Produktionsmethode mit größeren variablen Kostenanteilen. Entsprechend ist allerdings auch der Verlust bei Unterschreitung des BEP höher! Dieser Zusammenhang soll noch einmal graphisch dargestellt werden (s. Abb. 6.12).

Also gilt:

- Produktionsmethode mit hohen Fix- und gleichzeitig niedrigen variablen Kosten weisen große Risiken und große Chancen,

---

96 W. Hainer vom Markenverband e.V., Wiesbaden, zitiert aus der Süddeutschen Zeitung vom 10. 6. 1997.
97 Fixe Koste sind solche, die von der Produktionsmenge unabhängig sind; also „immer" anfallen wie z. B. Gebäudemieten oder Maschinenabschreibungen. Variable Kosten hingegen verändern sich mit der Produktionsmenge wie z. B. der Materialeinsatz.

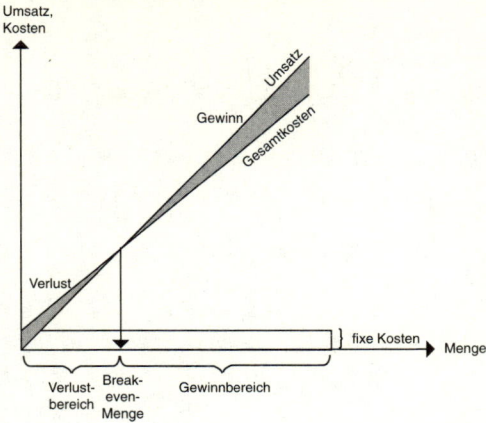

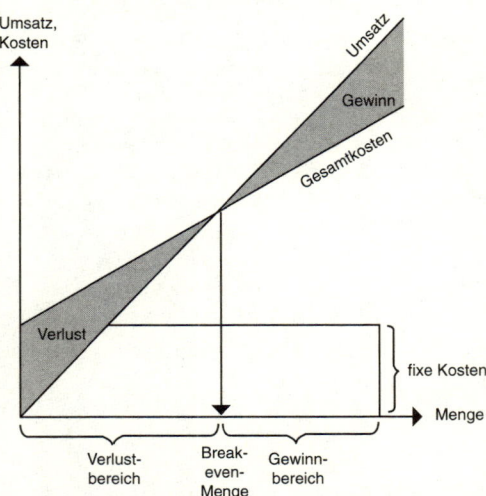

Abb. 6.12: Gewinnchancen und -risiken in Abhängigkeit vom Alter des Produktes bzw. der Fertigungstechnik

- Produktionsmethoden mit vergleichsweise niedrigen Fix- und dafür höheren variablen Kosten weisen kleinere Risiken, aber auch kleinere Chancen auf.

6.3 Empfehlung und Warnung: Wann welches Vorgehen?

Es macht Sinn, im Rahmen einer strategischen Analyse nicht nur eines, sondern *mehrere Verfahren* anzuwenden. Interessant wird es vor allem, wenn sich die Ergebnisse unterschiedlicher Verfahren unterscheiden. Die Berater neigen allerdings dazu, unterschiedliche Zielrichtungen anzuraten: So empfehlen Hax/Majluf

- für die *Wettbewerbsanalyse* die Boston-I-Matrix und
- für die *Diagnose und die strategische Ausrichtung des eigenen Unternehmens* die Branchenattraktivitäts- und Wettbewerbsstärkenmatrix bzw. bei Hochtechnologiefeldern die Branchenlebenszyklus-Portfoliomatrix

zu nützen.

Eine Warnung muß sich bei der Verwendung von Wettbewerbsmatrizen immer anschließen:

> Wohlstrukturierte Verfahren, die strategische Positionierung ermöglichen und darauf aufbauend Hilfestellungen zur Entwicklung von Strategien geben, haben zwei Seiten: Die Strukturiertheit – und das ist positiv – macht die Ergebnisse teilweise nachprüfbar, zumindest aber nachvollziehbar. Dieselbe Strukturiertheit kann aber auch zu mechanistischem Denken führen, das die letztlich doch notwendige Kreativität eher einschränkt denn fördert.[98]

Noch deutlicher: Strategisches Management kann nicht so einfach sein, daß mit dem Aufstellen von Portfolios und der Anwendung von „Normstrategien" alles erledigt ist!

---

[98] Wesentliches Kennzeichen der Portfolio-Denkrichtungen ist die Überzeugung, daß dem unternehmerischen Erfolg allgemeingültige Gesetzmäßigkeiten – gleich Naturgesetzen – zugrundeliegen. Wahrscheinlich unterliegen die Naturgesetze der Ökonomie aber Schwankungen – zumindest was die Stärke ihres Einflusses ausmacht.

6.4 Portfolioanalyse vs. Kapitalwert vs. Shareholder-Value: Der Zusammenhang

Eine wichtige Frage bleibt: Die geschilderten Portfolioanalysen geben eine Empfehlung für Investitions- oder Desinvestitionsentscheidungen. Im Kapitel über Investitionsentscheidungen wurde gezeigt, daß aus kapitalmarkttheoretischer Sicht ausschließlich der Kapitalwert einer Investition über deren Sinnhaftigkeit entscheidet. Aber keine Angst: Portfolioanalysen und Kapitalwert können auch als Ergänzungen, nicht als konkurrierende Verfahren gesehen werden.

Sicher ist zunächst einmal, daß

1. Strategieentscheidungen fast immer auch Investitionsentscheidungen beinhalten,
2. die Korrektheit des Kapitalwertes als Entscheidungskriterium bei Investitionsentscheidungen unbestritten ist.

Die Verbindung erfolgt durch folgende Überlegung:

1. Portfolioanalysen eignen sich durch ihr strukturiertes Vorgehen gut dazu, die Eingangsdaten (Cash-flows) für Kapitalwertberechnungen „besser" zu schätzen (denn natürlich ist es für die Cash-flows von großer Wichtigkeit, in welcher Marktsituation man sich heute befindet, morgen zu befinden glaubt und was man tun muß, um dorthin zu kommen).
2. Die Ergebnisse der Kapitalwertberechnungen wiederum erlauben es, Strategieempfehlungen, die auf Basis von Portfolioanalysen entstehen, rechnerisch zu „überprüfen" – d. h. diejenige Alternative zu wählen, die zum größten Kapitalwert führt.

Implizit spiegelt sich diese Argumentation auch in den „neuen" Managementtechniken bzw. Verfahren wieder, die in den 90-er Jahren in Mode gekommen sind wie *Total Value-Management, Shareholder-Value* oder *Wertorientierte Unternehmensführung*. Im Prinzip handelt es sich dabei um nicht mehr als Anwendungen dynamischer Investitionsrechenverfahren (von denen die wichtigsten – wie im Kapitel 5.1.2 gezeigt – der Kapitalwert und der interne Zinssatz sind) auf strategische Entscheidungen.

D.h. der Kapitalwert taucht unter verschiedenen „Deckmänteln" als ein neues, zentrales und integrierendes Element der strategischen Planung auf!

Ein typischer Vertreter ist Lewis. Unter dem Begriff *Total Value Management* stellt er im Prinzip das Shareholder-Value-Konzept – also eine Unternehmensführung, die den Marktwert des Eigenkapitals maximiert – als eine zentrale Unternehmensphilosophie vor. Shareholder-Value will nicht mehr, als die Lenkung der Ressourcen in die Bereiche, in denen das Verhältnis von Rendite und Risiko optimal ist.[99]

6.5 Wie sieht nun die Weiterentwicklung aus?

Immer noch geht es um
- die Entwicklung und den möglichst langen Schutz von Wettbewerbsvorteilen und – nur das ist sozusagen „neu" -
- die Schaffung eines Umfeldes, das auch *künftig* die Entwicklung *neuer Wettbewerbsvorteile* sicherstellt.

6.5.1 Wettbewerbsvorteile

Dazu sollte man einmal relativ abstrakt analysieren, was die *Wettbewerbssituation* eines Unternehmens ausmacht. Das *Strategische Dreieck* faßt zusammen:

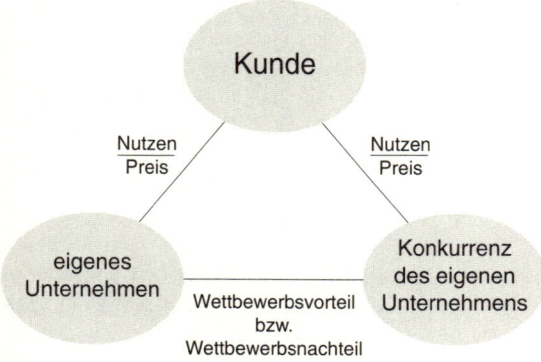

Quelle: in Anlehnung an Ohmae, K., 1982

Abb. 6.13: Das Strategische Dreieck

---

99 Etwas anders wollten – pauschal gesagt – auch die patriarchalischen Unternehmer, die klassischen „Visionäre" oder auch mehr oder weniger systematisch entwickelte „Strategien" von Managementboards nicht!

Die Darstellung ist leicht zu interpretieren: Kunden gewinnt und hält man durch ein überlegenes Nutzen/Preis-Verhältnis. Und ein solches kann entweder durch

1. gleiche Leistung bei günstigerem Preis als die Konkurrenz (z. B. das Aldi-Konzept) oder
2. vom Kunden als überlegen *empfundene* Leistung bei vergleichbarem Preis

erreicht werden.

Weist ein Unternehmen aus Kundenperspektive *ein überlegenes Leistung/Preis-Verhältnis* auf, so spricht man von einem *Wettbewerbsvorteil.* Je nachdem welche strategische Stoßrichtung ein Unternehmen verfolgt, kann es zwischen drei Basisstrategien wählen:

Basisstrategien	Geeignet für welchen Bereich
Kostenführerschaft (Marktführerschaft)	Produkte, die von Kunden z. B. durch einheitliche Standards nicht sehr differenziert wahrgenommen werden (z. B. Rohstoffe)
Konzentration (auf Schwerpunkte)	Bevorzuge Bedienung eines bestimmten Abnehmermarktes, einer Gruppe oder eines Produktprogrammes. Viele Formen sind möglich.
Differenzierung (Aufbau von Leistungsstärken oder Zusatznutzen)	Ein „einzigartiger" Zusatznutzen (kann z. B. auch ein Service sein), der vom Kunden erkannt und auch nachgefragt wird. Ein typischer Zusatznutzen ist Prestige.

In Anlehnung an Porter, M.E., 1985

Tab. 6.10: Wann welche Strategie?

Oft kann man beobachten, daß Unternehmen versuchen, eigentlich nur schwer unterscheidbare Produkte mit einem *Zusatznutzen* zu versehen, um sich von der Konkurrenzt abzuheben und damit in preislich attraktivere Dimensionen vorzustoßen: Benzin, Bier oder Waschmittel sind typische Beispiele. Oft wird auch versucht, über einen höheren Preis eine höhere Leistung zu suggerieren.

Wettbewerbsvorteile können sehr kurzfristiger Natur sein. Kostenvorteile können z. B. verlorengehen durch Nachahmen der Technologie, Differenzierungsvorteile durch nachlassende Kundenloyalität oder durch Produktimitationen. Daher heißt ein wesentliches Ziel „*Aufbau von (nachhaltig schützbaren) Wettbewerbsvorteilen*".[100]

Bei der Aufgabe, verteidigbare Wettbewerbsvorteile zu „besetzen", geht man am besten systematisch auf drei Ebenen vor: Markt-, Produkt- und Ressourcenstrategie:[101]

1. *Marktstrategie*: Welches sind die Zielmärkte, auf die ich mich konzentrieren will – oder: auf welche potentiellen Kunden will ich mich einstellen? Beispiel: Will ich Autos für europäische oder für afrikanische Kunden bauen? Sinnvoll ist es darauf zu achten, daß unternehmensspezifische Vorteile mit den Kaufmotiven potentieller Kunden möglichst gut zusammenpassen.

2. *Produktstrategie*: Wie soll das Produktprogramm auf dem jeweiligen Zielmarkt aussehen, um das Leistungs-Preis-Verhältnis markt- und kundenspezifisch zu optimieren? Also: Welche Autos braucht man in Europa bzw. in Afrika?

3. *Ressourcenstrategie*: Das ist die wohl wichtigste Strategie: Wie sollen die (beschränkten) unternehmenseigenen Ressourcenpotentiale (nicht nur Finanzen, sondern auch Know-how etc.- d. h. alles was knapp ist*) möglichst effizient* zur Umsetzung von Produkt- und Marktstrategien eingesetzt werden?

Egal wie gut diese Strategien auch immer sein mögen: *Herrschende Meinung ist mittlerweile, daß keine nachhaltige Vorteilsposition gegenüber der Konkurrenz aufgebaut werden kann.*

Daher stellt die strategische Forschung jetzt die Frage: Was bestimmt langfristig die *Anpassungsfähigkeit* eines Unternehmens an veränderte Wettbewerbsbedingungen, also an sich wandelnde Marktwünsche und eine Konkurrenz, die „nicht schläft"?

Diese Charakteristika für eine schnelle Anpassungsfähigkeit heißen *Kernkompetenzen*.[102]

---

100 Ein amüsantes Beispiel ist der Versuch von Harley-Davidson, sich bestimmte Konstruktionsmerkmale und den Klang ihrer Motorräder schützen zu lassen.

101 Vgl. z. B. Fischer, T. 1993, S. 43 ff

102 Vgl. z. B. Prahalad, C.K./Hamel, G., 1991; Stalk, G./Evans, PH./Shulman, L., 1992.

6.5.2 Kernkompetenzen

Kernkompetenzen sollten *(auch) in der Zukunft* gewährleisten, daß – immer wieder aufs Neue und zumindest vorübergehend – möglichst unverwechselbare und möglichst leicht verteidigbare Vorteilspositionen besetzt werden können. Während die oben angeführten empirischen Studien wie die PIMS-Analyse also fragten „Was *hat* Unternehmen erfolgreich gemacht?", heißt jetzt die Frage: „Was *wird* mein Unternehmen erfolgreich machen"?

In verschiedenen Studien erweisen sich die folgenden Kernkompetenzen als zentral:[103]
1. Qualität
2. Liefertreue
3. (Produkt-)Flexibilität/Reaktionszeit/Schnelligkeit
4. Preispolitik
Bisweilen wird diese Aufzählung noch ergänzt um „Bereitschaft auch das aufzugeben, was in der Vergangenheit zum Erfolg geführt hat".[104]

Mit diesem Wissen gelingt es, viele Managementphilosophien besser zu verstehen. Je nach Unternehmen, Branche und Markt können von diesen vier zentralen Kernkompetenzen unterschiedliche Kombinationen wichtig sein. Für Lieferanten von Standardteilen ist z. B. Flexibilität wahrscheinlich nicht so wichtig wie für Unternehmen, die kundenspezifische Einzelfertigung haben.

Eine eindeutige wissenschaftliche Antwort nach der Reihenfolge der Wichtigkeit dieser Kernkompetenzen gibt es (noch) nicht. Recht hohe Übereinstimmung herrscht lediglich über ein Ziel, nämlich die *Marktführerschaft*. Stellvertretend für die Bandbreite der Meinungen werden hier Prahalad und Treacy&Wiersema, die eher auf eine Beschränkung drängen und Wildemann, der eher eine „Komplettlösung" anstrebt, vorgestellt.[105]

---

103 Vgl. A. de Meyer/K. Ferdows, 1991 und H.Wildemann, 1988; ähnlich R. Hackerstein/U. Esser, 1990.
104 z. B. durch H. Wildemann. Ähnliche Gedanken finden sich bereits bei Schumpeter, der den radikalen Wandel als Bedingung für Kreativität sieht.
105 Prahalad ist ein renommierter US-amerikanischen Strategieexperte, Treacy & Wiersema sind Unternehmensberater, Wildemann ist Professor an der Universität München.

**„Konzentration auf Kernkompetenz": Prahlad sowie Treacy &
Wiersema**

Prahalad sieht Unternehmenskrisen hauptsächlich als Ergebnis
einer schlechten strategischen Planung. Marktführerschaft kann seiner Ansicht nach *nicht durch Aktivismus auf vielen Ebenen* erreicht werden, sondern durch Konzentration auf die unternehmerischen Stärken. Denn es würde kaum einer schaffen, nicht nur den
besten Preis, sondern auch noch das beste Produkt und den besten
Service anzubieten.

Hier liegt somit der pragmatische Vorschlag zugrunde, nicht das
Unmögliche zu wollen, sondern sich auf das Machbare zu beschränken.[106]

Treacy/Wirsema filterten in ihren Untersuchungen drei Strategien
heraus, die zur Marktführerschaft führen können:

1. Operative Überlegenheit: Diese Unternehmen produzieren Standard-
   produkte in guter Qualität zu günstigen Preisen (z. B. McDonald's,
   ALDI, IKEA).
2. Produktführerschaft: Innovative Unternehmen bieten in erster Linie
   neueste Produkte – zu einem entsprechend hohen Preis (z. B. Sony,
   Nike).
3. Kundenpartnerschaft: Hier konzentriert sich das Unternehmen auf die
   bestmögliche Lösung für Kunden, mit denen man sehr langfristige Be-
   ziehungen pflegt (z. B. Schott).

Tab. 6.11: Marktführerschaftsstrategien nach Treacy & Wirsema

**„Marktführer müssen in mehreren Dimensionen hervorragendes
leisten": Wildemann**

Wildemann rät zu einer Doppelstrategie – Kostenabbau und Ex-
pansion. Außerdem wesentlich: die *Innovation.* Sie ist so etwas wie
eine kreative Zerstörung dessen, was *früher* zum Erfolg geführt hat
und muß geleitet werden vom *Kundennutzen.* Speziell dieser sei allerdings in Deutschland meist der Produktion *nachgelagert.* Wichtig
ist aber nicht das (technisch) Machbare, sondern die Einbeziehung
des Kunden bereits bei der Entwicklung des Produktes und damit

---

106 So ganz neu ist auch dieser Gedanke nicht: Man denke an die *Ressourcenstrategie,* vgl. S. 222!

die möglichst vollständige Erfüllung der Kundenbedürfnisse. Dazu brauche man eine *flexible Organisation* mit *hohem Innovations- und Lerntempo* und einer *entsprechenden Unternehmenskultur.* So etwas erreicht man nur mit großen *Investitionen in die Mitarbeiter.* Ein großer Vorteil eines entsprechend gestalteten Unternehmens ist es, daß Organisation und Kultur eines *lernenden Unternehmens* wesentlich schwerer zu kopieren sind als ein einzelnes Produkt. Letztlich beschreibt Wildemann seine Strategie als eine *offensive Innovationsstrategie.* [107]

Den offensiven Charakter braucht die Wildemannsche Strategie, um über einen hohen Umsatz auf der Erfahrungskurve nach unten zu rutschen – d. h. geringe Stückkosten zu haben. Um nicht in den Bereich der zurückgehenden Absätze zu kommen, sind ständige Innovationen nötig. Dabei sei hohe Qualität bei all diesen Leistungen – so Wildemann – bald schon ein Standard.

---

[107] „Das Abspecken der Unternehmen reicht nicht aus" – Süddeutsche Zeitung vom 24. 4. 1997, Autor (lu).

7. Anhang: Das betriebliche Rechnungswesen oder: Mit welchen Größen arbeitet die Betriebswirtschaft?

Das betriebliche Rechnungswesen ist ziemlich wichtig: Es umfaßt alle Verfahren, die betriebliches Geschehen – in Gegenwart, Vergangenheit und teilweise auch Zukunft – zahlenmäßig erfassen. Alle Verfahren dienen dazu, ein Unternehmen „auf Kurs zu halten", d. h. Liquidität und Erfolg sicherzustellen. Dies ist aber alles nicht so komplex, denn im Prinzip gibt es – Gott sei Dank – nur eine Handvoll „Denkebenen".

Der Grund für diese Vielfalt liegt darin, daß es eben *nicht* möglich ist, nur mit einer Sichtweise den Aufbau und Erhalt von Erfolgspotentialen, Erfolg *und* Liquidität zu garantieren.

Dazu nur ein kleines Beispiel:

Ein Haute Couture-Schneider liefert an das Britische Königshaus am 24.12. seine neue Frühjahrskollektion. Vereinbart ist Zahlung 10

Ebene	Meßgrößen	
Ebene der Liquiditätsrechnung und Cash-flow-Rechnung:		Ein-/Auszahlungen
Ebene des Jahresabschlusses:		Aufwand/Ertrag
Ebene der Kostenrechnung und des Betriebsergebnisses:	teils:	Kosten/Leistungen Aufwand/Ertrag
Ebene der Investitionsrechnung:	selten:	Ein-/Auszahlungen Aufwand/Ertrag oder Einnahmen/Ausgaben
Ebene der Strategischen Planung:	Hier werden an sich „Erfolgspotentiale" gemessen. Präzisiert werden sie durch ihre Auswirkungen auf Ein-/ Auszahlungen und auf Aufwand/Ertrag	

Tab. 7.1: Das betriebliche Rechnungswesen: Wo rechnet man mit was?

Tage nach Erhalt, also am 3.1. Wie schaut die Situation zum Jahres-
wechsel aus? Mit der Liquidität des Schneiders kann es schlecht
aussehen – er mußte die Stoffe zahlen, seine Näherinnen, seine Mo-
dels, seine Miete – d. h. alle Vorleistungen. Beim „Erfolg" wird es
vielleicht ganz anders aussehen – schließlich hat er an ein Königshaus verkauft und kann davon ausgehen, daß die Rechnung auch
bezahlt wird. Es wäre unplausibel, in seinem Jahresrückblick, seiner
„Erfolgs*bilanz*", den Verkauf nicht zu berücksichtigen!

Das Schwierige ist jedoch, daß sich die unterschiedlichen Begriffe
teilweise überlappen – aber eben nur teilweise! Dies soll die folgende
Abbildung Abb. 7.1 verdeutlichen: Eine Einzahlung *kann* gleichzeitig eine Einnahme, ein Ertrag und eine Leistung sein, es kann jedoch
sein, daß z. B. eine Einnahme keine Einzahlung, kein Ertrag und
keine Leistung ist.

7.1 Ebene I: Auszahlungen/Einzahlungen

Als Einzahlungen bzw. Auszahlungen versteht man die Erhöhung
bzw. Verminderung von Bargeld- und Girokontenbeständen. Die
Differenz Einzahlungen minus Auszahlungen ergibt die Veränderung der Liquidität. Schätzungen für Ein- und Auszahlungen wer-

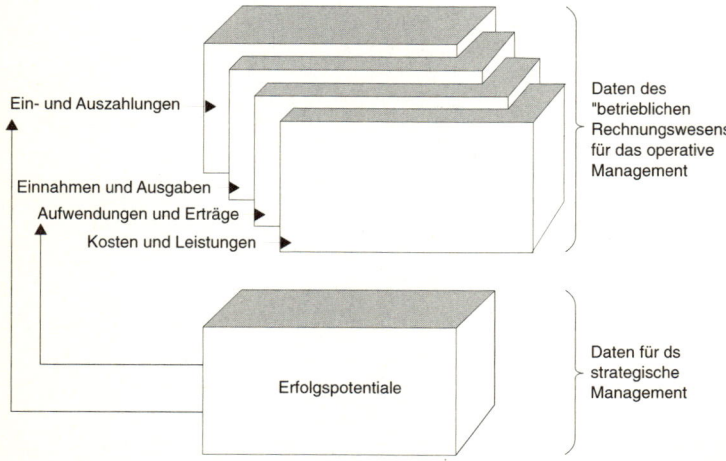

Abb. 7.1: Vorfälle im Rechnungswesen überlappen sich nur manchmal

den vor allem für die Erstellung des *Finanzplans* (oder, was identisch ist, *Liquiditätsplans*) der nächsten Tage und Monate benötigt (vgl. Kapitel 2). Außerdem *sollte* bei der direkten Bestimmung des *Cash-flows-* (vgl. Abschnitt 3.5, insbesondere ab Seite 83) und in der *Investitionsrechnung* (vgl. Abschnitt 5.1.2) mit diesen Größen gearbeitet werden.

7.2 Ebene II: Ausgaben/Einnahmen

Ausgaben sind Auszahlungen und Schuldenzugänge. Einnahmen sind Einzahlungen und Forderungszugänge. Von Ausgaben spricht man z. B. dann, wenn der Kaufakt getätigt wurde, auch wenn die Zahlung noch nicht erfolgte. Analog sind Verkäufe auf Ziel (d. h. Kreditverkäufe) für das verkaufende Unternehmen im Moment des Vertragsabschlusses bereits Einnahmen, aber keine Einzahlungen. Eine eigenständige Ausgaben- Einnahmenrechnung gibt es meistens nicht, behelfsmäßig (und wohlwissend fälschlicherweise) arbeitet man in der *(längerfristigen) Finanzplanung*, bei Cash-flow- und Investitionsrechnungen mit Ausgaben- und Einnahmen*schätzungen*. Zentrale Bedeutung erlangt das Begriffspaar erst auf der nächsten Ebene, wenn jeweils das Wort „erfolgswirksam" beigefügt wird.

7.3 Ebene III: Aufwand/Ertrag

Aufwand ist eine *erfolgswirksame, periodisierte Ausgabe.* „Erfolgswirksam" heißt, daß das *gesetzliche Meßinstrument* für den Erfolg, der Jahresabschluß, berührt wird. Für das, was den Jahresabschluß berührt und in welcher Form das geschieht, gibt es *gesetzliche Vorschriften.* „Periodisiert" heißt, daß bestimmte Vorgänge einer Rechnungsperiode (normalerweise damit einem Geschäftsjahr) zugerechnet werden. Der Unterschied zwischen Ausgabe und Aufwand ergibt sich damit in zweierlei Hinsicht: Erstens gibt es Ausgaben, die niemals erfolgswirksam sind (sachliche Differenz). Dies ist z. B. bei einer Darlehensvergabe der Fall. Sie ist sowohl Auszahlung als auch Ausgabe, aber kein Aufwand. Zweitens liegt der Zeitpunkt der Erfolgswirksamkeit früher oder später als der Zeitpunkt der Ausgabe (zeitliche Differenz). Als typisches Beispiel ist hier der Kauf einer Maschine zu nennen. Die Ausgabe ist mit dem Kaufakt getätigt, die Höhe des Aufwandes wird durch die Abschreibungen der Maschine erfaßt. In der jährlichen Abschreibung spiegelt sich die „Periodisierung" wieder. Wenn es sich um keinen Barkauf handelt, unterscheiden sich auch Ausgabe und Auszahlung. Um auch einmal die Ertragsseite zu beleuchten, noch ein weiteres Beispiel: Hat ein Unternehmen eine Ware Ende Dezember geliefert und am gleichen Tag die Rechnung gestellt, so handelt es sich um eine Einnahme, die im Dezember erfolgswirksam wurde; somit um einen „Ertrag". Dies gilt auch, wenn die Rechnung erst im kommenden Jahr beglichen wird: Wieder fallen „Ertrag" (im Moment der Rechnungsstellung) und „Einzahlung" (im Moment der Bezahlung durch den Käufer) auseinander.

Die Differenz zwischen Ertrag und Aufwand heißt *Jahresüberschuß* bzw. *-fehlbetrag*. Verwendet wird dieses Begriffspaar vor allem zur Ermittlung des *Unternehmenserfolge*s, wie er in der gesetzlichen Gewinn- und Verlustrechnung vorgeschrieben ist (vgl. Kapitel 3.2, insbesondere ab Seite 43).

7.4 Ebene IV: Kosten/Leistung

In der Kostenrechnung und der Betriebsergebnisrechnung (vgl. Kapitel 3.4) arbeitet man mit Kosten und Leistungen: *Kosten* sind bewerteter, durch betriebliche Leistung bedingter Aufwand. *Leistung* ist der Wert aller erbrachten Güter und Dienstleistungen einer Periode. Kosten und Aufwand (bzw. Leistung und Ertrag) unterscheiden sich damit in zwei Punkten:

"*Bewertet*" heißt, daß es Kosten gibt, die in der Kostenrechnung oder Betriebsergebnisrechnung zwar als Kosten gesehen werden, aber keinen „Aufwand" darstellen. Wie kann das sein?

Während die Aufwandshöhe durch gesetzliche Regelungen bestimmt wird, unterliegt die Kostenhöhe diesen Zwängen nicht.

So werden, abweichend von der Aufwandshöhe, beispielsweise kalkulatorische Abschreibungen, kalkulatorische Zinsen u.ä. als Kosten angesetzt.

Die Kostenrechnung hat als *wesentlichen Zweck die (kurzfristige) Wirtschaftlichkeitskontrolle* über die *eigentliche Betriebstä-*

tigkeit. Was dabei „wirtschaftlich" zu nennen ist, bleibt dem Unternehmen überlassen.

Dazu zwei Beispiele:

Unternehmen können es erstens für sinnvoll erachten, ein Produkt erst dann als wirtschaftlich zu bezeichnen, wenn es so viel Überschuß verdient hat, daß die Maschine, auf der es gefertigt wird, ersetzt werden kann. Sie verrechnen deshalb in der Kostenrechnung die Abschreibungen auf Basis von Wiederbeschaffungswerten und nicht, wie der Gesetzgeber es beim Aufwand vorschreibt, auf Basis der historischen Anschaffungskosten. Oder sie fordern zweitens eine Minimalverzinsung des eingesetzten Eigenkapitals, rechnen also mit Eigenkapitalkosten. Der Gesetzgeber gestattet aber nur die Verrechnung von Fremdkapitalzinsen als Aufwand.

„Durch betriebliche Leistung bedingt" heißt, daß es Aufwand gibt, der nicht durch die eigentliche Betriebsleistung verursacht ist. Dieser Teil des Aufwands, der keine Kosten darstellt, wird als *neutraler Aufwand* bezeichnet. Beispiele dafür sind Spenden, Verluste aus Wertpapiergeschäften, aber auch Verluste aus dem Abgang von Gegenständen des Anlagevermögens. Interessanterweise erlaubt der Gesetzgeber oftmals die steuermindernde Berücksichtigung von „neutralem Aufwand".

Die Differenz von Leistung und Kosten wird als *Betriebsergebnis* bezeichnet. Es drückt das aus, was das Unternehmen aus der eigentlichen betrieblichen Leistungserstellung erwirtschaftet hat – ohne Berücksichtigung von gesetzlichen Vorschriften sondern unter Zugrundelegung von aus Unternehmenssicht "ökonomisch richtigerer" Daten.

Ein Problem soll nicht verschwiegen werden: Die Betriebswirtschaft krankt an einem Phänomen, das sie von den Naturwissenschaften unterscheidet: Einige Größen, wie die oben genannten vier Begriffspaare, sind so definiert, daß tatsächlich Betriebswirte von Garmisch bis Flensburg dasselbe darunter verstehen. Bei anderen Begriffen – so einer ist z. B. der Cash-flow – ist das (leider) nicht so.

Zusammenfassung betriebliches Rechnungswesen

Gesetzlich vorgeschrieben ist den Unternehmen lediglich eine Aufwands- und Ertragsrechnung zur Feststellung des Erfolgs im Rahmen des Jahresabschlusses, vor allem als Steuerbemessungsgrundlage und aus Gründen des Gläubigerschutzes.

Kurz- und längerfristige Liquiditätsplanungen und Investitionsrechnungen auf Basis von Ein- und Auszahlungen (bzw. behelfsmäßig) Einnahmen und Ausgaben sind sinnvolle, aber rein freiwillige Maßnahmen der Unternehmen. Dasselbe gilt (weitgehend) für die Kostenrechnung auf Basis von Kosten und Leistungen. Sie ist zwar nötig zur vernünftigen Steuerung der Ressourcen im Unternehmen, aber nicht gesetzlich vorgeschrieben.[108]

---

108 „Weitgehend" deswegen, da zur bilanziellen Bewertung von Halb- und Fertigwaren zumindest eine minimale Kostenrechnung nötig ist.

Literaturverzeichnis

Sobald man sich mit detaillierten ökonomischen Fragestellungen näher aus-
einandersetzen will oder muß, sollte man auf Spezialisierungsbücher zurück-
greifen.

- Wer sich über den Bereich der **Unternehmensstrategie** sehr praxisnah in-
  formieren will, dem sei *Hax/Majluf, Strategisches Management* aus dem
  Campus Verlag empfohlen. Hier geht es um Aufbau und Umsetzung einer
  Strategieplanung für Unternehmen unterschiedlicher Größenordnung.

- Eine umfangreiche, aber sehr präzise Quelle für Fragen zur Erstellung eines **Jahresabschlusses** und zur Analyse von Jahresabschlüssen (bzw. Bilanzen) ist *Coenenberg, Jahresabschluß und Jahresabschlußanalyse* aus
  dem Verlag moderne industrie.

- Ein **Kostenrechnung**sbuch, das mit vielen Beispielen gespickt ist und sich
  nicht nur mit der Rechenmethodik unterschiedlicher Verfahren, sondern
  auch mit dem mindestens ebensowichtigen **Kostenmanagement** ausein-
  andersetzt, ist *Coenenberg, Kostenrechnung und Kostenanalyse*, ebenfalls aus dem Verlag moderne industrie.

- Für den **Controlling**-Bereich eignet sich *Horváth, Das Controlling-Kon-
  zept*, aus der Reihe Beck-Wirtschaftsberater im dtv.

- Wer sich über den **Zusammenhang von Unternehmen und Kapitalmärkten** und damit mit Fragen wie z. B. „Welche Projekte soll ein Unternehmen
  durchführen?", „Wie finanzieren sich große Unternehmen?", „Was gilt es
  bei der Dividendenpolitik zu beachten?" oder „Wie funktioniert eine Finanzplanung?" informieren will, kommt kaum an einem englischsprachi-
  gen Werk vorbei. In vielen Büchern sind Theorie und Praxis didaktisch ge-
  schickt verknüpft; exemplarisch sei auf *Brealey/Myers, Principles of Corporate Finance* aus dem McGraw-Hill Verlag verwiesen. Dieses Buch ist
  so geschrieben, daß es auch mit Schulenglisch gut verständlich ist.

- Wer sich „nur" hinter den **Begriffe**n der Betriebswirte mehr vorstellen können möchte, dem sei ein Nachschlagewerk wie das von *Schneck, Lexikon
  der Betriebswirtschaft*, erschienen in der Reihe Beck-Wirtschaftsberater
  im dtv, angeraten.

Sachverzeichnis